改变，从阅读开始

沐猿而冠

文化如何塑造人性

辉格 / 著

四川人民出版社

图书在版编目（CIP）数据

沐猿而冠：文化如何塑造人性 / 辉格著．—成都：四川人民出版社，2015.6
ISBN 978-7-220-09498-9

Ⅰ．①沐…　Ⅱ．①辉…　Ⅲ．①文化人类学－文集
Ⅳ．① C912.4-53

中国版本图书馆 CIP 数据核字（2015）第 104340 号

MUYUANERGUAN WENHUA RUHE SUZAO RENXING
沐猿而冠：文化如何塑造人性
辉　格　著

责任编辑	吴焕姣　江　澄
封面设计	陆红强
责任校对	蓝　海
责任印制	王　俊
出版发行	四川人民出版社（成都槐树街 2 号）
网　　址	http：//www.scpph.corn
E-mail	sichuanrmcbs@sina.com
新浪微博	@ 四川人民出版社官博
发行部业务电话	（028）86259457　86259453
防盗版举报电话	（028）86259457
印　　刷	北京易丰印捷科技股份有限公司
成品尺寸	140mm × 210mm
印　　张	10.5
字　　数	260 千
版　　次	2015 年 6 月第 1 版
印　　次	2015 年 6 月第 1 次
书　　号	ISBN 978-7-220-09498-9
定　　价	48.00 元

■版权所有·侵权必究
本书若出现印装质量问题，请与我社发行部联系调换
电话：（028）86259453

序 / 衣冠之猿

动物学家德斯蒙德·莫里斯(Desmond Morris)将人类称作“裸猿”（naked ape），这个后来流传甚广的雅号，固然来自人类是唯一体表没有浓密毛发的猿类这一事实，不过，在人类诸多独特性中，莫里斯偏偏选中缺乏体毛这一身体特征，分明是为了强调他是以动物学家的眼光来考察人类。

有趣的是，当我们从动物学家视角退回到人类中心立场，却发现人类其实是唯一不裸身的动物——只有我们穿着衣服，即便最不介意赤裸的族群，也会对私处做些许遮掩，通常“赤裸”的意思不正是“没穿衣服”吗？毕竟，只有动物学家才会将赤裸理解为浓密毛发之缺乏。

实际上，人类特别是文明社会的人，对自己穿着衣服这一事实有着清晰认识，也颇引以为豪，乃至以“衣冠”来象征让人类占据灵性之巅的整个人性与文化，视之为区分人类与禽兽、文明与野蛮的标志，徒有其表者被斥为“衣冠禽兽”，东施效颦者被讽以“沐猴而冠”，华夏民族携其文化与传统而逃离中原的经历，则被喻为“衣冠南渡”。

不仅如此，穿衣服这件事情，还被不同文化群体用作区分彼此乃至分出高下的识别符号，成为构建文化认同的工具；穿多穿少、怎么穿，皆关乎文化或族群身份，孔子说，“微管仲，吾其被发左衽矣”，便是诉诸衣服和发式两种符号而作华夷之辩，左衽右衽在实用功能上似乎没多大差别，如此看重，只能是出于文化上的理由。

同一社会中，不同阶层或职业间也有区分彼此的需要，因而衣服也被用作标明等级和职业身份的符号，公卿锦衣冠带，庶民布衣黔首，劳心者宽袍大袖，劳力者短衣缚裤，兵卒苍头，流徒赭衣，僧侣披袈裟，医师着道服。

每当社会动荡、结构变迁或者文明崩坏，人民流离杂处，等级藩篱松动，身份焦虑便会加剧，此时对符号的需求也更为迫切，于是有了子路“君子死，冠不免”，最后被剁成肉酱这样的动人事迹，当然也少不了各种新贵和暴发户夸张模仿贵族行头穿戴以便跻身上流的故事。

关于什么是值得珍视和追求的，什么是值得赞赏和嘉许的，每个社会，社会中的每个阶层，会形成各自的价值和规范体系，所以在古代那种等级森严、藩篱牢固的低流动性社会，价值与规范体系总是和特定文化特定身份联系在一起，因而身份符号同时也标示着价值观和道德观。

近代以来，随着社会流动性提高，价值观与身份的联系日益松散，而越来越被认为是个人的东西。今天，虽然某些地方留长发扎马尾辫就会被当作画家，但更多时候，服饰、发型、文身这些过去的身份符号，已被视为个人选择，用来彰显个性、风格和价值观，脚蹬牛仔靴头戴牛仔帽，并非因为你是个牛仔，而是想告诉别人：你珍爱独立、不羁、自由等与牛仔形象联系在一起的那些价值元素。

裸猿这一雅号的迷人之处在于，从缺乏体毛这一点，可以窥见一些人性的隐秘特征及其深厚的进化背景：体毛退化和大量增加的汗腺构成了一个更有效的散热系统，让人类得以适应长途追逐的狩猎方式；同时，裸露皮肤上出现了许多性敏感区，让人类男女获得更丰富更强烈的性快感，从而吸引他们在排卵周期以外的任何时候都愿意交合，以此强化两性纽带并最终发展为固定配偶模式，后一趋势启动了一个性选择机制，反过来又加速和强化了体毛的退化。

从穿衣服这件事情，我们同样可以窥见人性的许多特征，不是生物学方面，而是心理、文化和社会性方面；子路正襟危冠，是在默默传达这样的信息：我穿着衣服，因为我是人而非禽兽，我束发右衽，因为我属华夏而非蛮夷，我冠带华服，因为我乃士卿而非庶人，我大难临头而死不免冠，因为我是君子而非小人。

基于这样的理由，为人类奉上另一个雅号——衣冠之猿——或许也是可以被接受的；选择这个雅号，意味着我对人性之文化与社会性方面的考察，将以人性之生物学方面作为起点，并始终将这一考察置于人类进化历史的大背景之中，毕竟，这两方面之间并没有一条截然分明的界线，而人性作为一个复合体，也始终在其组成元素以及环境之间的互动过程中持续进化着。

这本书收集了我过去几年在文化与社会话题上发表的一些文章，为将它们组织进一个稍有条理的框架，我按主题做了分类，并为每个主题写了导言，以阶段性的总结我在该主题上的想法，也为每篇文章写了后记，以补充我对有关问题的最新见解；通过这些努力，希望能勾勒出我在此领域经历若干年思考和探索之后，事后回顾时依稀见到的那幅观念地图。

这些文章在我的博客（headsalon.org）上都可以找到，每篇文章标题下面注明了写作日期和它在博客上所对应的文档号，由文档号可以推知页面链接，比如文档号3538对应的链接便是：http://headsalon.org/archives/3538.html；在文章页面上，你可以发表评论。

尽管我非常幸运也充满感激地从各种（一手的、二手的乃至三手的）学术著作中获取了大量有益的材料、概念、理论和方法，但我并不把自己的工作视为学术研究，更无意以科普的姿态向读者介绍学界已成定论的确切知识；相反，我宁愿作为一个勤于观察和思考的普通人，记录自己的理解、心得与遐想。

在这么做时，尽管我（在我的阅读限度之内）十分尊重学术界的基础共识和主流意见，但并不会以此约束自己的好奇心和想象力，当学界主流意见无法满足我的好奇心时，我不会迟疑于做出种种在我看来足够合理的设想、推断和猜测，以此将残缺不全的世界图景勾勒完整，假如这么做会让你感到不快，我只能说声抱歉。

所以，这些文字首先是写给我自己的，用来解除自己的困惑，因为大脑是靠不住的，一个解答只有当你把它写下来，说给一位假想听众听，才能让你确信自己是否真的弄明白了；其次，作为上述努力的副产品，它们也是我和你分享思考的媒介，假如你喜欢的话，那会带给我一份额外的快慰。

辉　格

2014年10月，北京

目录

第一章

饮食

18世纪的法国美食家布里亚-萨瓦兰[1]曾说："告诉我你吃些什么，我就能说出你是个什么样的人。"这句名言在1923年美国某报的一则牛肉广告上被精简为"你是你所吃"，从此广为流传，并成为众多美食书籍、电影和电视片的标题。

虽有所夸大，但这句话确有其洞见。实际上，把其中的"吃"换成穿、住、读、玩、驾驶、交往、欣赏等动词，在不同程度上都可成立；或者说，人的各种行为，都体现着其个性、价值观、身份、文化归属，乃至人性，其中一些比另一些表现得更鲜明；实际上，当我们将所有这样的句子全部罗列出来时，便回答了那著名的门卫之问："你是谁？"

在表明"我是谁"的生活各方面中，饮食有着根本重要性，因为吃什么和怎么吃，构成了所谓生计模式的基础，而后者无论是在生物学家考察一个物种时，还是人类学家考察一个族群一种文化时，都是首先要弄清楚的事情，它锚定了物种和文化的基本面貌。

因为我们曾是狩猎猿，所以比我们的猿类近亲更爱吃肉，更难抵御肉脂的芳香，但我们仍背着灵长类的包袱：不能合成维生素C，所以无法像其他食肉动物那样放弃水果和蔬菜；因为我们吃更多肉，加上会用火加工食物，我们的肠道短了许多，也不再那么耗能，才

[1] 让·安泰尔姆·布里亚—萨瓦兰（Jean Anthelme Brillat-Savarin），1755-1826，法国律师兼政治家，但主要以美食家而为后人所知，著有《厨房里的哲学家》（*The Physiology of Taste*），有中译本。

供养得起高能耗的大脑。

为了长途追逐猎物，我们有了适合长跑的直立体型和长腿；为了解决长跑中的散热问题，又有了裸露的皮肤和发达的汗腺；为了猎取大型动物，我们发展了团队合作能力；因为大猎物的肉一下子吃不完，我们学会了分享肉食（却较少分享素食），建立了互惠关系，最终发展成了我们丰富的社会性。

因为有了畜牧业，牛羊奶成为重要食物，有些族群将乳糖消化能力延长到了整个成年期；因为有了谷物种植，我们过上了定居生活，因为从种植到收获历时漫长，我们学会了延迟满足而变得更有耐心，也学会了做长远计划，并更加善于数数、称量和计算，为此后的更多创造性活动打下了基础。

自从人类走出非洲散布全球，不同种群占据了差异极大的生态位，食物构成也各自发生了剧烈改变，并由此而发展出多姿多彩的文化；同为渔猎采集者，以驯鹿为食的北欧萨米（Sami）人随驯鹿觅食路线而迁移，而以鲑鱼和贝类为食的西北海岸印第安人则定居在沿岸河口，因为洄游鲑鱼总是回到其出生河口，而贝类也不会迁徙。

对于多数转向农业的族群，食物结构的改变带来了意义更为深远的后果，农业让单位土地提供了多得多的卡路里，供养了高出此前两个数量级的密集人口，但它提供的营养却往往是不均衡的，特别是缺乏动物蛋白，于是各农业社会都发展出了适合自己生态位的蛋白匮乏应对方式，他们找到的不同方案也在很大程度上塑造了多样文化。

在非灌溉种植区，常需要休耕轮作才能保持土地肥力，这恰好为农牧混业创造了条件，也是解决蛋白匮乏的良方；在肥沃高产的灌溉区，所有可耕地都被种上粮食，假如周围有不可耕的山林河泽可供渔猎，倒还可利用农闲稍作添补。当缺乏这样的条件时，人们只能挖空心思搜罗各种小动物以获取蛋白质，或者像印度农民那样，只喝奶不吃肉，以便以少量牲畜持续获取蛋白质；在蛋白匮乏最严重的地方，甚至可能发展出食人俗和以获取人肉为目的的战争机制。

谷物易于保存，其季节性也要求它必须被存储，而存储需要仓库，同时，耕地比狩猎领地更易于确定边界和归属，这些都推动了财产权的发展，也使经济活动的重心从游团和氏族转向个体家庭；但同时，财产的存在也对劫掠构成了诱惑，而保护财产需要比家庭更大的组织，于是社会组织向多层次结构发展，以核心家庭为基础，经血缘纽带而联合成为家族、村社和部落。

肉奶则不易保存，许多民族很晚才掌握肉类干制技术，一头牲畜的肉远超出单个家庭的一次消费量，而牲畜又稀缺而珍贵，因而，集体飨宴在很长时期内仍是消费肉食的主要方式，这也为共同体提供了一种强化其合作纽带的机会，为此人们编织了种种理由设立众多节庆。飨宴也是家庭在盖房等需要找人帮忙的大事中支付报酬的重要方式；在传统农业社会，穷人多数肉食都来自各种宴席。

农业还带来了另一项重大变化，谷物基本不含盐，加上我们屠宰和加工肉类的方式（放血和水煮，相对于狩猎者的生吃或烤制），丢失了肉类中的大部分盐，结果大大减少了从主食中摄取的盐分，只能另外添加，而盐在自然界并非随处可得，由此带来的交换需求，催生了一项古老而普遍的贸易，盐的贸易反过来又推动了对文明发展起过关键作用的食物保存技术。

关于什么是可食或不可食的，每个族群有自己的答案，每个人也有不同的偏好与禁忌；作为一种文化元素，食谱经由幼年期一个特殊学习机制而得以传承；一两岁的幼儿不拒绝任何食物，而且勇于尝试，喜欢把什么东西都往嘴里塞，同时，他们会对父母的鼓励或阻止作出反应，由此了解什么是可吃的。

这个学习窗口大约在三周岁时关闭，此时他们突然对食物变得挑剔起来，只接受那些之前得到父母许可的食物，这份食谱于是便固定下来，限定了其此后一生食物选择的基本范围，或许要到成年后很久，才又开始尝试一些新食物，但远不会像学习期那么开放，让一个英国人爱上吃蝗虫，让一个江南人爱上吃牛胃反刍物，机会都很渺茫。

下一次当你发现自己喜欢某道菜而讨厌另一道时，或许会让你对从小接受的父母教育，你儿时生活的那个地方，你孕育于其中的那个文化，你的远古祖先如何在所处环境中谋划生存之道，你所继承的农耕与狩猎遗产，所背负的灵长类包袱，总而言之，对通往你作为人而存在的那条漫长历史道路，获得更真切的体会。

吃还是不吃？

2012-06-11，
No.3538

纪录片《舌尖上的中国》播出后受到广大吃货热捧，据说创下了国内纪录片收视纪录，可见中国这个美食大国确有群众基础，并非浪得虚名；观赏各地美食之余，人们也对不同国家和社会的饮食习俗差异展开了讨论，特别是，为何像英国这样文化的其他方面相当发达和强势的社会，偏偏食物却如此单调乏味？似乎让人费解。

其实，饮食作为与“男女”并列的头号文化元素，在人际交往和社会关系中起着广泛而重要的作用，历来为人类学家和社会学家所重视，有许多著作谈论这一主题；现实生活中，当人们来到一个陌生地方，或与来自其他文化的人交谈时，“他们吃些什么？”也常常是首先被提出的问题。

文化差异本身只是个事实，但人会赋予其价值含义。当人们抱持欣赏和体验的心态时，它是新鲜、惊喜和异国情调，而当人们需要标榜自己的文化特性、寻找优越感或感到受威胁时，差异便成了歧视和取笑的对象，“广东人什么都吃”也就由对多彩饮食文化的赞美变成一种异样的目光了。

与西方相比，中国人在“什么都吃”上面确实表现非凡，而南方尤胜北方，岭南尤胜岭北，也是显而易见的；博大繁复的饮食文化，离不开食材的多样化，从技术上看，多样化食材促使厨师开发出各种材料的加工和烹制方法，积累了更多素材和工艺，而从需求面看，食材多样性也训练丰富了食客的味觉，挖掘培养了更广谱的口味和品尝情趣。

灵长类大多是杂食动物，而随着大型猿类从树栖转向地栖，肉食比例提高了（大猩猩是例外），同时在取食对象上变得高度机会主义。黑猩猩从水果、蠕虫、蚂蚁、蜂蜜、鸟蛋到猴子，什么都吃，灵长类还有个恶名：偶尔会同类相食；人类继承了杂食特性，但自从离开丛林来到草原之后，食谱中包含了更多肉食，加上人类膨胀了好几倍的大脑是个高能耗器官，对肉食的需要更加迫切。

不过，尽管人类是杂食性的，却并非来者不拒、同等对待各种食物，在这点上，人类和其他动物一样，遵循一种由“最优觅食理论”（optimal foraging theory）所阐述的策略，根据成长于其中的环境条件来选择其食谱；该策略的原则是以尽可能小的搜寻与采集 / 捕猎成本来获取所需营养，所以，当那些容易获取的食物已能满足所需时，较不易获取的那些将会被忽略，最终投入于每种食源上的精力的边际产出率和边际中毒风险将是相等的。

所以，高度杂食性只是人类作为物种的潜能，对于每个特定群体，食谱宽窄取决于所处生态位的资源条件，像因纽特人这样的极地狩猎部落，食谱是非常狭窄的；而对于个人，饮食偏好和对食材的接受能力多半在童年期便已形成，儿童尝试并接受各种食材的学习窗口在三岁时就关闭了，从小没吃过的东西长大了就很难再接受，正因此，社会的食物禁忌才很容易通过家庭影响而一代代延续下去。

进入农业时代之后，食谱选择又多了个重要驱动力，与狩猎者和游牧者相比，农耕者的营养瓶颈从能量转向了蛋白质；在土地开垦率低、保留了较多草地或采用轮作休耕制的社会，可以实行农牧混业，肉食尚能保证；但那些所有土地都已开垦并常年耕作的社会，就要想尽办法寻找肉食了；尽管在驯化了豆科作物之后，农民获得了植物性蛋白质来源，但豆类偏好毕竟很晚才形成，而对肉食的渴望则古老而根深蒂固。

在传统中国，一个十分显著的趋势是，越往南，肉食越稀缺；有几个原因，首先是越往南土地复种指数高，而且越缺少饲养牛羊等反刍动物所需的草地。大型肉畜只有猪，而猪虽然产肉效率高，但有个很大的问题：其食谱与人类重合率高，因而难以大批饲养，否则便与人争食了，鸡鸭也有同样的问题。

其次是越往南，粮食的蛋白质含量越低，番薯芋头等块根块茎类的蛋白质含量远低于谷物，而谷物中大米和玉米又低于小麦，同样是小麦，南方小麦也低于北方小麦；这样，南方人必须在主粮之外寻找更多肉食来补充蛋白质，可他们又缺乏大牲口，所以只好挖掘其他一切可能性了：狗肉、马肉、青蛙、山鼠、蛇、蚕蛹、蚂蚱、蝉、水虱……

不仅是肉食，南方素食种类也多过北方，当然，南方植物资源原本就比北方丰富，不过或许这也与南方的致病寄生物较多有关；在中原民族向南方拓垦的过程中，抵抗丛林沼泽地带特有的疫病始终是个大问题，而寻找草药是这一努力的重要部分，尽管效果很难检验，但尽可能开发和尝试各种可食用植物，总是有益的，即便没有疗效，也丰富了食物来源。

一个社会的食谱一旦稳定下来，便成为一种习俗，社会成员会借助它们来建立文化认同和标识共同体身份，此后，即便生态位和资源条件已经改变，饮食习俗仍将以强大的文化惯性延续下去，特别是食物禁忌，是构建文化鸿沟、区别身份、激发敌意的十分有效的符号；今天，犹太人和穆斯林早已散居全球，却仍坚持着古老的闪族食物禁忌（Semitic dietary laws）。

后记

食俗之产生，起自文化之地方分异，就像语言之方言化，这一点清楚地体现在各大菜系的名称中；然而，随着城市化和现代流动社会的形成，饮食取向如同其他文化元素一样，正在逐渐摆脱其地方性，而更多地联系于阶层区隔与价值认同，就是说，从一个人吃些什么，你越来越难猜到他是哪里人，而越来越容易猜到他属于哪个阶层，持有何种价值观。

20 世纪 90 年代中期开始的制造业繁荣和人口大流动，伴随着川菜、兰州拉面和沙县小吃席卷全国；同时期，面向白领的肯德基们也遍地开花；接着，面向中产阶级的中高档餐馆，无论离大海多遥远，也都纷纷增添了海鲜部；电子商务也在为食品的去地方化推波助澜，从近年掀起的吃大闸蟹浪潮可见一斑。垂直分层将是塑造未来餐饮业态的主要力量。

地方性美食在经历全国化的同时，其形式和口味也在悄悄改变以迎合各地食客需求，于是经常听到有人抱怨它们变得越来越不“正宗”了，实际上，不正宗恰恰是一种美食突破地域而得以普及的前提，今后，随着去地方化和垂直分层的继续，不正宗的名菜会越来越多，直到所有人都忘了何为正宗为止。

劝酒拼酒何时休

2013-01-04,
No.4379

多年来，无论在公款消费、官场应酬、商务宴请，还是私人聚宴中，高档酒的地位越来越受尊崇，其在餐饮账单上所占份额也日见高涨，成为许多酒店的主要利润来源；这也让国内高档白酒的股票广受追捧，经年坚挺；最近，军队里传出要限制喝酒的风气，白酒股闻风应声大跌，也可见白酒在腐败类消费中的领导地位。

除了满足个人嗜好之外，喝酒很大程度上是一种社会性消费，是为了实现某些社会性功能而喝，因而总是伴随着某些特定的社会活动和人际交往，在此意义上，酒被称为社会交往的润滑剂，倒也贴切；酒类消费中的大部分，大概都可归之于此类功能性需求。

不过，同样是社会性消费，具体的喝法却随所需实现的功能不同而迥然相异，最常见的一类是助兴型的，此时喝酒是为了让人进入某种状态，而这种状态适合于他正在参与的社会活动和交往，因为酒精可以解除大脑对某些低级冲动的抑制，让人变得更加放松、兴奋、甚至放纵。

在诸如歌舞、嬉戏、看球之类的群体娱乐中，这样的状态会让参与者表现更好，而许多社交活动也需要参与者比平时更为松弛，不再拘谨，甚至略带兴奋，容易打开话匣子，所以作为社区社交中心的英国乡村小酒馆，或中国茶馆，作为私人社交场的沙龙客厅、鸡尾酒会，都会以酒助兴。

当参与者平时并不十分亲密，只是为了特定目的而聚在一起时，或者平时碍于等级身份或社会规范约束而不得亲密时，那么，在此类场合借助酒精来解除拘谨和戒备的需要就会变得更强烈。

沙龙客人可能只与主人熟识，相互并不亲密，而且不时还有新人被引介进圈子；单位同事平日受等级职务拘束，年终聚餐时则需要营造一种平等参与氛围；分离多年的老同学，文化和价值观上已多有隔膜，却仍想重叙旧情；还有大家族的众多亲戚，平时来往寡浅，家族纽带全赖各种节庆婚丧宴席维系，等等。

以酒助兴的习俗在各大文化中都有，不过中国的酒文化还有另一种类型的功能性需求，不妨称之为对抗型，表现为以醉倒对方为目的的高强度劝酒，相互轮番劝酒直至大部分参与者都达到承受极限，这种习俗在其他文化中似不多见，而且过去二十年，无论在官场、商务还是私人交往中，有愈演愈烈之势，也正是这一习俗，创造了酒类消费中的极大一部分。

劝酒拼酒习俗中所涉及的心理因素看来相当复杂微妙，其原因颇难究考，不过从某些线索中还是能看出些渊源；在助兴式喝酒时，借助酒精暂时卸除某些自控和协调能力，是为了更好地参与社交活动，所以各人自己喝就行了；而在对抗性劝酒中，酒精的这一作用被用作了武器：剥夺对方的自控与协调能力，但尽可能保持自己的。

然后，当所有参与者都意识到别人在用这一武器对付自己时，也都拿起该武器参战，于是战斗轮番升级，最终，博弈各方达成一个规范：确保所有人都被剥夺自控能力，这成了酒桌上的游戏规则。问题是，这究竟有什么社会功能？常见的通俗说法是，这能热络感情，拉近关系，更准确地说，酒精能够解除戒备。

或许正是因为中国文化中横亘于人际关系中种种戒备太多太深，才特别需要通过酒精来解除它；劝酒者在敬酒时，或许是在告诉对方，我同意解除戒备，请你也这样，这类似于握手礼的起源，告诉对方：瞧，我手里没有武器，让我知道你也没有；甚至我们可以想象，劝酒习俗在古代或许真的发挥过确保聚宴各方同时丧失战斗力的作用，因为喝醉酒的人是很难保持格斗能力的。

之所以人际交往中充满了戒备，或许是因为缺乏信任机制和社会规范对行为的约束，社会交往中充斥着尔虞我诈的机会主义行为，为此人人都须时刻保持警惕，才能保护自己的利益不受伤害；这场长期的机会主义攻防战，导致了心理武库的军备竞赛，精明、理智、审慎、诡诈、圆滑、伪装、设套、声东击西、拐弯抹角等心理武器都被一一开发出来，装备在身，而真实意图却被包裹在重重伪装之下，难以看透。

果若如此，我们便可预期，越是那些可能被对方设陷欺骗或伤害，因而越需要加以警惕和戒备的社会交往，劝酒风气便越盛行，而那些真正亲密的，或已经建立了充分信任关系的交往，则会表现得较为平和，事实看来正是如此。酒风炽烈的程度，从官场、涉及国企或政府项目的商务交往到私人企业间交往、半生不熟的圈子，到亲密朋友、核心家庭，依次递减，高档酒的消费量大概也按此坐标呈梯度分布。

过去二十年酒风日盛的趋势，或许也是社会变迁的结果之一，市场开放，社会流动性增加，各种交往和交易关系大量涌现，但这些关系和交易中所需的规范和信任却未能及时建立，于是传统酒俗被改造而移用过来，为这些交往构造一个可让其顺畅运行的舞台。

可是，尽管发挥了这样的作用，劝酒习俗带给参与者的健康代价却是非常高昂的，很少有人真正乐在其中，更多人是出于无奈，并对此苦不堪言，也想出种种办法加以逃避。可以相信，此陋俗在当今之炽烈程度只是阶段性的，随着人们对其健康代价的认知加深，价值观的变化，以及新的社会规范和信任机制的逐渐成型和成熟，新生代当不至于全盘继承这一陋俗。

后记

在后来的讨论中，我意识到劝酒还有另一项社会功能（或许比我提到的更重要）：它在某些社交场合被用来确定社会地位之高低。因为既然劝酒在这些场合已具有某种攻击性，那么，谁可以对谁发动攻击，可接受的攻击程度如何，攻击而又不至于造成翻脸的适当界线在哪里，这些信号便可被用于确定参与者的地位排序。

这就好比一群母鸡之间也会通过啄击对方头部而确定地位排序，如此产生的排序被称为“啄序（pecking order）”，啄序一旦确定，母鸡之间便可相安无事。人类社会自从有了等级分化之后，也发展出许多确定啄序的方式，比如身体姿态、说话语气、称谓用词、座位次序，还有谁可以拍对方肩膀、摸对方头，谁可以迟到，可以先走一步，可以率先打破礼节，等等。

在等级关系非常牢固的贵族社会，个人很少有机会改变地位，因而反倒较少需要反复高调重申啄序，倒是那些一方面等级差异巨大，同时高位者地位并不牢固、低位者也常有爬升机会的社会，地位焦虑严重，才需要大量啄击行为来反复重申啄序。

如果说“先干为敬”只是一种轻微的谦卑，那“自罚三杯”就是赤裸裸地屈膝称臣了。“最近胃不舒服，小李你去替我敬一圈”当然是只有领导才有资格说的话，替领导挡子弹可是难得的效忠机会，领导在说了三遍胃痛之后终于干了一杯，就算是大面子了，只能赏给眼下最需要笼络的部下。

饕餮经济学之肚皮收租法[1]

2009-09-20,
No.313

小时候看历史书和小说时，发现古人赞美英雄人物时，常常把巨大食量和英雄气概联系在一起，后来看欧洲历史，发现那边的情况有过之而无不及，好像中世纪贵族和武士都很能吃，也很爱吃，据说经常吃到吐，吐完再吃。

那时候饕餮（gluttony）曾是教会精神文明教育的重点对象，在对贵族的指责中常把它挂在嘴边，六世纪末教皇格利高里一世还将其列为七宗罪之第二位。按常识，说教部门挂在嘴边批判的事情，通常就是权贵阶层最热衷的勾当。

年初看到一篇书评，介绍了尼科拉·弗莱彻的《查理曼大帝的桌布》，这本书把古代贵族极度夸张的狂欢盛宴和胡吃海喝描述得淋漓尽致，看来原先那些零星轶事和散乱印象还真不假。对这种特别而有趣的现象，弗莱彻罗列了一些文化和政治方面的功能，这些功能或许是有的，但作为解释却无法令我满意，我设想了各种可能性，可始终无法把它安放进某个连贯的框架中，颇为懊恼。

[1] 饕餮经济学是我的一组博客随笔，共 7 篇，其中 6 篇收录于《自私的皮球》第 9 章，此处选录了与饮食主题有关的两篇。

幸好，不久前读布洛赫（Marc Bloch）的《封建社会》时，终于看到一线光明。据他说，在欧洲封建社会，特别是它的前期（他的前后期划分大致以1200年为界），货币经济严重萎缩，附庸对领主的义务都以实物和服务履行，加上交通运输条件极差（那时罗马道路系统已经崩坏），于是，大小领主收租的主流方式，是连续不断的长途巡视，带着大队人马，逐个光临附庸领地或者庄园，一路吃过去，连吃带拿——“食邑”两字看来可以从字面上理解。

显然，嘴巴肚皮收租法对领主和他的随从们的食量是极为有效的激励；反过来，对于附庸和庄园农民，大食量意味着重税，这就难怪教会要如此反对饕餮了，而且格利高里一世版的七宗罪前三项——挥霍、饕餮、贪欲，都是针对消费行为，在以就地消费为主要征税形式的时代，这些大概是穷人苦难的重要来源。

这种收租方式对于领主是有效率的，因为他们原本就需要通过定期巡视来确保附庸的忠诚，每次巡视都是对封建契约的一次重新确认；同时，为了镇压时时发生的叛乱，他们也需要不断行军，所以，顺路把租收了，可以节省催租、押送和运输成本。那时候，一个国王或公爵在位期间的大部分时间都花费在巡视和平叛的路上。

布洛赫的分析给了我很大启发，由此想到，在货币经济不发达的古代，不仅收租，许多服务的报酬可能都以管吃管喝的形式支付，比如大贵族豢养的亲兵、侍卫、仆人、游吟诗人、弄臣、教师等，还有庄园农奴的各种劳役，在收获后会有个集体报酬——大吃一顿——这常常也是农奴难得的吃肉机会。

记得小时候，老家的棕绷（棕编床垫）师傅都是上门服务，工钱很少，但管吃喝，除了烟酒饭，每天下午我妈还会去为他买两个粽子，后来打家具时也是，木匠师傅在我家吃了一个多星期。还隐约记得街坊婆婆在谈论某些师傅的价格时，会强调他们是否抽烟喝酒——那时候把职业称为饭碗，看来比想象的更贴切；我猜，从事这一类职业的人，饭量会比别人大。

饕餮第一定律：经济活动中以管吃管喝为支付方式的交易越多，饕餮越流行。

后记

记得 20 世纪 80 年代中期，当我们镇的居民最初有机会从电视上目睹西方生活时，常有人疑惑道：他们怎么吃那么少？可是 30 年后，我周围的许多人也吃得那么少了。

现代城市居民比过去吃得更少，几个明显的理由是：首先，机械化大幅减少了他们在体力劳动和家务中的能量消耗；其次，他们吃更多肉食或其他高能量密度的食品，因而从体积上看起来吃得更少了；最后，他们的食物中也包含了更多易消化的深加工食品，从而减少了消化过程本身的能量消耗。

实际上，后两点构成了人类进化史上饮食变化的一条主线：为了供养高能耗的大脑，人类必须摄入更多能量，同时又要缩减消化系统的能量消耗，转向肉食、熟食和深加工食品是我们找到的解决方案，与之配合的是对这些食物的嗜好，尽管农业时代的人口压力下，这些嗜好往往难以得到满足。

过去的人比现代人吃得多，还有个理由：饕餮是人类应对食物供给不稳定的一种策略，这在饥荒频仍的古代非常重要。一些饥荒风险很高的族群甚至出现了一些代谢机制上的特殊变化，在食物丰盛时及时囤积脂肪，以便在未来饥荒中获得更好的生存机会。

贾瑞德·戴蒙德（Jared Diamond）在《昨日之前的世界》里描绘了他所熟悉的新几内亚和太平洋土著在接触现代文明、获得丰裕食物之后的饕餮风俗。最典型的是瑙鲁人，该岛的鸟粪磷酸盐矿让岛民在20世纪中叶一步踏入富裕社会，很快饕餮成风，结果1/3的20岁以上人口、2/3的55岁以上人口都患上了糖尿病，糖尿病也一度成为该岛岛民的头号死因。

饕餮经济学之吸血蝙蝠和猎获物分享

2009-09-26,
No.309

从时尚的变迁，生活方式的锁入，到肚皮收租，乃至更普遍的生存套餐交易，通过对古人生活状态的揣摩，我意识到，贪吃暴食乃是古代之普遍风尚，已深入我们的文化，而节食瘦身反倒是新近时尚，且眼下尚局限于高雅阶层。

然而我的追溯并不打算止步于中世纪，人类的饕餮习俗比这更古老，我甚至认为它已成为人类生物本性之一部分——至少对男性是如此。要说明这一点，需要把眼光投向更遥远的过去，至少几万年前吧。

史前人类以狩猎采集为生，大致上，男性以狩猎为主；就个体而言，人类的捕猎技能无法与猫科动物相提并论，裸猿们的优势全在于团队合作，合作除了发生在狩猎过程中，也体现在猎获物的分享上，并且，分享范围大于狩猎团队：即便是三五个人猎得的东西，也往往在部落或村社内集体分享，后者人数往往几十上百。

猎获物分享是一种互惠机制，它的产生基于这样一些条件：（1）猎获物不稳定，（2）狩猎个体或团队无法当即吃下全部猎获物，（3）缺乏有效的食物储存和产权保护手段。当这些条件成立时，互惠分享便具有策略优势，它实际上提供了一种在时间轴上对产出流和消费流进行匹配的交换手段（腌制技术是后来发明的另一种交换手段），用一位非洲部落老猎手的话说：别人的肚子就是我的仓库。

动物行为学家曾描述过一种吸血蝙蝠，就采用了上述分享机制。这种蝙蝠一旦逮到机会，会把肚子吸个滚圆，但实际上它们消化不了那么多血液，于是当它遇到另一只饥肠辘辘的同类时，就把部分血液吐哺给后者。由于吸血行动的成果很不稳定，互惠机制可带来极大的合作收益。

如博弈论教科书上所说，像吸血蝙蝠这种两两合作博弈的形成，除了需要潜在的合作收益（数学上表示为囚徒困境博弈矩阵，上面所列几个条件即为猎获物分享这个特定问题构建了该前提），还须符合两个信息条件：（1）博弈者能够识别对方，（2）博弈者能够记住对方的行动历史，至少能记住最近的若干次；吸血蝙蝠确实拥有这种能力，它们的吐哺对象限于也曾施惠于自己的同伴，而拒绝那些拒绝过自己的同类。

识别对方和记住行动记录看似简单，实则对认知和记忆能力提出了很高要求，尽管人类在辨认面孔、脚步声和体味方面已经发展得神乎其技，但对交往关系史的记忆则容量十分有限，我见过好多人都不得不用个本子来记录人情账。

所以，随着交往圈子的扩大，两两合作互惠的成本也急剧上升，更要命的是，当互惠关系中引入传递性时，关系复杂度呈爆炸式增长。所谓传递性，是类似这样的关系：A 虽然没帮过我，但 A 经常帮 B，而 B 是我的朋友，经常帮我，所以当 A 求助于我时，我会欣然出手。很明显，一旦引入传递性，你需记住的不仅是他人与自己的交往史，而是所有人之间的两两交往史。只要社区人数稍稍上升，这立刻变成天文数字，这时候，必须寻找新的互惠机制。

后记

关于肚皮仓库假说，亚马孙丛林中的 Shiwiar 人展示了一个极具说服力的案例[1]。他们从不在家庭以外分享小型猎物，只分享像美洲貘（成年体重约 150–300 公斤）这样的大型猎物，因为小猎物一顿即可吃完，不存在储藏问题，而大型猎物的分享也在悄悄发生变化。

就在 20 世纪 80 年代人类学家研究该群体期间，随着肉类烟熏技术的普及，分享行为减少了，加上猎狗和枪支使用的增加，狩猎行动空手而归的情况日益罕见，进一步减少了大型猎物的分享现象，因为食物供给变得可靠之后，人们已不再像以前那么需要通过食物分享来维持互惠关系，以便在狩猎失败时不至于挨饿。

[1] 此案例来自人类学家 Lawrence S.Sugiyarna & Richard Chacon 的论文 Effects of Illnessand Injury on Foraging among the Yora and Shiwiar: Pathulogy Risk as Adaptive Problem，收录于 2002 年出版的 *Adaptation and Human Behavior* 一书第 17 章。

在探索各种食物保存技术的努力中，人类的进展并不算快，各族群间也很不均衡。中古欧洲对胡椒等东方香料的需求强烈，据说就是因为肉类保存困难，只好用香料掩盖腐烂气味；畜牧业者掌握制酪技术，从而获得稳定的奶制品供应、摆脱对谷物的依赖，最终发展出纯游牧生活方式也只是三千年前的事。

食物禁忌的文化功能

2014-09-29,
No.5353

整体上看，人类几乎无所不吃，但具体到每个族群就不是了。在一地被奉为美味珍馐的东西，在别处却被认为难吃、可怕、恶心，或者不该吃，从皮蛋、猪脑、臭豆腐、鱼腥草，到蚱蜢、蝇蛆、毛鸡蛋、猫胎盘、肠胃内容物，都曾是惊恐和嘲讽的对象。有关狗肉该不该吃的争议，更是经年持久不熄。

族群间食谱构成和食物偏好的差异，首先是因为人类的散布广度，从赤道到北极、从雨林到沙漠，迥异的生态位，有着不同的食物来源；但生态位只是个背景约束，即便像人类这样高度杂食性的动物，也并非能找到什么就吃什么。一个群体的现实食谱选择，是在食物分布、能量营养需求、消化能力和获取与加工效率之间进行策略权衡的结果。

生物学家有一套最优觅食理论（optimal foraging theory, OFM）来解释动物种群的取食策略和食谱广度，其中一个核心因素是食物搜寻与处理所消耗时间的比值。处理（包括捕捉、屠宰、加工和消化）相对于搜寻越耗时，就越倾向于专食，相反则越倾向于杂食；杂食或专食倾向反过来会影响消化系统和取食技术，从而在食物与觅食策略之间构成互反馈和协同进化。

假如再考虑营养均衡，问题就变得更复杂。由于人类刚刚经历了农业带来的食谱大转变，消化系统还来不及做出适应性调整，营养均衡问题尤为严重，特别是动物蛋白的缺乏；在人类学家马文·哈里斯（Marvin Harris）看来，许多饮食习俗、食物禁忌，乃至献祭制度和战争形态，都与各社会解决蛋白质匮乏问题的方式有关。

不过，无论是最优觅食还是营养均衡，都难以解释为何某些取食策略会演变成食物禁忌。作为策略，不吃某些东西只是为了节省时间、技术和消化能力等资源，专注于吃另一些东西；而作为一种文化偏见或禁忌，不吃某些东西不仅仅是说它们不好吃、不值得花功夫去弄来吃，更是说：这么吃在文化上是低下粗鄙的，甚至在伦理上是错误的。

实际上，和文身、发式、服饰、口音、节庆、神话等文化符号一样，饮食也是构建文化共同体的一个工具，用于在族群内部强化认同，在族群之间划清界限；建立共同体的过程中，认同和鄙视向来是同一枚硬币的两面，因而对于那些不在本民族优选食谱之列的食物，仅仅忽略是不够的，还要鄙视、刻意强调、拉开距离以远离模糊地带，乃至设立禁忌。

小型熟人社会中，分辨亲疏敌友只需凭借对亲身经历和相互关系的个人记忆即可，而在规模更大的社会，共同体的合作纽带便要依靠各种文化符号、集体记忆和组织工具来维持，所以随着大型社会的发展，这些元素就被创造了出来；和口音一样，饮食习惯成年之后往往很难改变，正因其难以伪装，故而很适合用作陌生人之间的认同符号。

当华夏认同形成时，服务于华夷之辨的符号也诞生了。孔子说“微管仲，吾其被发左衽矣”，便诉诸了发式和服饰两种符号，若在“被发左衽”后面再加上“茹毛饮血”，夫子大概也不会反对；东晋衣冠南渡之后，南北文化开始分异，这自然也体现在饮食方面，从那时起，南人北人在饮食问题上相互比照取笑鄙视的事情，便屡见不鲜。

俞为洁的《中国食料史》为我们提供了两个生动事例：南齐士族王肃叛逃北魏之后，饮食习惯一时难改，“不食羊肉酪浆，常饭鲫鱼羹”，酷爱喝茶（当时茶刚刚开始在士族豪门中流行，尚未普及），常一饮一斗，受北人嘲笑，得了个“漏壶”绰号，后来在宫廷御宴中，却喝了许多酪浆，魏帝讶问“茗饮何如酪浆？”，肃答“茗不中，与酪作奴”，如此自贬自辱，显然只是为了融入他并不适应的北人文化。

另一个故事有关食蛙习俗，秦汉时南北皆不忌食蛙，魏晋后北人渐弃，南人却益发喜爱，常为北人所笑，且屡有禁令，理由是青蛙食虫有利庄稼。该文化冲突在宋室南渡时达到高峰，南渡者力劝高宗严令禁止，这回的理由是青蛙酷似人形，那当然只是个借口。

后记

身处另一种文化所主导的社会，少数群体要获得安全感，要么完全放弃原有文化而融入主流，要么在本群体内寻求认同和支持。前一种选择往往因遭遇多数群体的排斥而难以做到，而后一条出路则要求他们寻找文化符号来构建或强化内部认同，此时，一些原本早已淡化甚至绝迹的文化元素就会被重新发现。

最令人称奇的例子是希伯来语复兴。公元一到二世纪，随着犹太国家被罗马帝国摧毁，犹太人大离散，以色列地区希腊化，希伯来语逐渐死亡，其遗迹仅存于宗教仪式中，直到 19 世纪欧洲反犹主义兴起，犹太人安全感陡降，开始构建民族认同，希伯来语才得以复兴，如今已成为近六百万人的母语。

第二章

男女

作为有性繁殖生物，两性关系自然对人类有着头等重要性；和其他有性生物一样，过去的觅偶策略（mating strategies）在很大程度上造就了今天的我们，它在我们的身体、心理和文化上都留下了深刻烙印，许多习俗和制度元素也都是实施这些策略的结果，这是一个重要且富有启发却往往被忽视的事实。

用生物学眼光看，这种烙印比比皆是：睾丸重量显示男性间的精子战争曾相当激烈，永久性乳房则显示男性也曾有机会挑剔配偶；发情期和性肿胀的消失表明，我们祖先迫切需要某种机制将夫妻天天拴在一起，大量分布的性敏感区似乎也是为了配合这一需要；其尺寸在灵长类中傲视群雄的阴茎，或许暗示了男性在求偶中曾广泛使用强迫手段的历史……

当我们把目光转向文化时，性策略的痕迹同样明显：我们有许多发达的第二性征，也努力装扮自己以求吸引异性，同时却又用衣物遮掩最具性刺激的部位，如此构造了一个精心调控收放自如的信号系统。因为我们的性魅力是定向投送的，适当遮掩才能避免在错误时机向错误对象发送性信号，那会带来严重后果，这表明我们对配偶相当挑剔，也会因交配而承担巨大责任。

这一可调控信号机制将我们的性魅力表达与感知能力塑造得极为精妙，创造出了从最大胆奔放到最含蓄微妙的种种性吸引和性暗示方式，这些元素也渗透进了服饰、语言、戏曲、文学等创造物中，全面而深刻地影响了我们的审美情趣和艺术创作。

人类性心理中另一些机制则更为特别，女性对配偶出轨的细微线索异常敏感，也对任何潜在对手在配偶面前的出现表现得十分警惕，而且忍不住会对其竞争实力进行评估，并与自己做一番比较；男性的敏感点则不太一样，无论他们在做什么，只要有适龄女性出现，就会表现得更要强好斗争胜；这些特性，都和我们的觅偶策略与婚配模式有关。

抚养孩子的需要迫使我们建立固定配偶关系，但同时我们的性策略又相当机会主义，并不那么专一，所以在觅偶过程中，两性都需要以某种方式让对方相信自己的承诺，男性用一种看起来高度非理性的癫狂状态来证明其难以自拔的迷恋和不顾一切的许诺，女性则用羞怯和矜持来证明其贞洁和自爱。

雄性历来倾向于广种薄收的数量策略，但人类婴儿的脆弱性和沉重抚养负担却迫使男性经营长期关系，他们为此作出了巨大投入，实际上，这是促使男性辛勤劳作和在社会竞技场拼搏奋斗的主要动机，对于这样的巨额投资，他们自然会寻求某种保障来控制亲子关系不确定所带来的风险，反过来，女性也会寻求一种机制来确保男性履行其持续投入于长期关系的承诺。

这场博弈的结果是一整套婚姻契约和与之配合的性伦理规范，要求双方忠诚守诺；然而，此类规范赋予两性的责任是不对称的，一方面要求女性贞洁专一，同时却往往容许男性寻求更多性伙伴。只要不影响他们继续履行对已有婚姻的责任，在基督教文明主导世界之前，多数社会的性伦理都正式接受多妻关系。

但这又明显不同于狮子或海豹那样的多偶关系，而是一种允许男性在确保履行既有责任的前提下，按其资源能力决定配偶数量的弹性多妻制这一安排或许是因为，人类若要成功狩猎，并在相邻群体的争斗中取胜，必须依靠团队合作，因而不能接受海豹那样的赢家通吃局面，而必须在合作团伙内分享性资源，但分享比例不必是均等的，可以随个体在团队内的地位而异。

这一局面将雄性间古老的配偶竞争引向了全新方向，尽管人类男性也会像雄孔雀那样展示优良禀赋，或像公鸡那样一对一搏斗，但更多采用的是组织化竞争手段（正如他们在狩猎和战争中所做的），其中最古老也最普遍的，是父系家族组织，从凭借对共同祖先的个人记忆而维系的小型家族，到依靠符号、仪式和神话而维系的氏族、宗族、部落等更大规模的血缘组织，组织化竞争推动着社会结构和制度向日益复杂的方向发展。

由于父系家族常与外婚制（exogamy）相搭配，因而通婚关系往往成为不同父系群体之间建立合作联盟的基础，而适当选择通婚对象，也是个人、家族和部落经营其合作网络以扩大自身政治权力的重要手段。长期持续的通婚关系，既是超越父系家族之上的更高层政治共同体得以维系的纽带，也是在更大范围内形成共同文化的重要途径。

一旦通婚有了这样的功能，族内的待嫁女性以及她们的禀赋和声誉，便成了家族经营其政治实力的宝贵资源，因而具有了家族公共资产的性质，这便为家族（尤其是从家族势力中获益较多的上层人物）严格执行其性规范以维护家族声誉提供了强大激励。不难发现，越是宗族组织发达、宗族间竞争激烈的地方，对贞节牌坊的需求和惩罚越轨者的冲动便越是强烈。

通婚在维系合作纽带和建立共同文化上的作用，在社会各阶层之间并不同步，每个层次上的跨群体合作与文化融合，总是首先在这些群体的上层人物之间发生，而下层大众的通婚和交往范围都更为局限，结果是，在任何一个多层次大型共同体的任一层次上，无论在语言、知识、生活方式，还是价值观念、历史记忆、民族认同上，都会出现上层融合而下层分异的情况。

婚姻的上述社会性功能，也促使父母们强化了对子女婚姻的控制，导致各种形式的包办婚姻广为流行：童婚、攀附婚、买卖婚、政治婚，等等。此时，一桩婚姻的缔结不再只是夫妻双方的事情，而是两个家族关系的全面整合；相应的，离婚将是这一关系网的一次大撕裂。如此一来，青年男女便逐渐丧失了恋爱婚姻自由，并被束缚在日益严苛的性伦理之中。

直到近代（西方更早些）以来，家族的社会结构功能逐渐被教会、学校、企业、社团、政府等其他组织所取代，社会变得更富流动性，个人才得以从那张严丝合缝、笼罩一切的伦理之网中挣脱出来，获得独立和自主，恋爱、婚姻和家庭生活才与公共生活隔离开来，成为闲人莫入的私属领地，一个避风港。

吵闹不休的神圣同盟[1]

2014-02-25,
No.5067

婚姻的历史或许和现代智人的历史一样漫长，甚至更漫长。多数人在成年后都会寻找配偶并建立一夫一妻的家庭，正统道德观念也总是将婚姻描绘成忠贞恩爱的和谐互助关系。在西方基督教价值观所引领的现代化过程中，单偶制婚姻更获得了伦理上的优势，其他婚姻形式日益被视为遗风陋俗。

但另一方面，人们也都心知肚明，夫妻关系充满了纷争、欺瞒、压制和背叛，在各大文明中，这些冲突也都是日常闲谈、戏剧和文学中永恒的热门主题。其实，一种道德规范若总是被挂在嘴边，成为表彰和说教的内容，这一事实本身就表明，它被遵守得不太好。

在现代社会，大概有 1/4 的婚内人士曾经出轨，各种出于医学目的的基因调查常发现比例惊人（有时高达两位数百分比）的亲子关系并不像被调查者所认为的那么真实。总的说来，那些对亲子关系信心十足的父亲，大约有 2%–3% 的机会是“喜当爹”了，而那些心存疑虑的，他们的怀疑则有 1/4 的几率可以得到证实。

---

[1] 本章的前四篇选自我 2014 年初的“男女”系列（该系列共六篇），最初发表于大象公会（idaxiang.org），蒙公会慷慨允准，收录于本书，在此向大象公会致谢。

实际上，在我们的灵长类近亲中，长臂猿才是恩爱忠贞的典范，它们以单偶制核心家庭为单位分割领地，婚姻一旦达成便终生不渝，子女成年后即被逐出领地，每个家庭都在各自领地孤立谋生，猿啼相闻而老死不相往来，因此夫妻也很少有出轨机会。

反观人类，尽管多数也会结成单偶制家庭，但无论在生理还是心理上，却处处暴露出配偶关系的不和谐：与固定配偶的长臂猿和大猩猩相比，男人的睾丸（相对于体重）很大，更接近乱交的黑猩猩和倭黑猩猩，这显示他们因配偶出轨而面临的精子战争强度颇高，因而需要更发达的睾丸来制造更多的精子。[1]

男女的性嫉妒都很强烈，对配偶出轨的线索也非常敏感，这说明配偶出轨是常见而重大的风险，因而需要发展出专门的心理机制来加以警惕和防范；不过嫉妒内容男女有所不同，男人最怕戴绿帽“喜当爹”，女人则最怕丈夫背弃养家和保护妻儿的承诺，将资源用到其他女人身上。

男人的硕大阴茎（在灵长类中最粗最长且遥遥领先）也是个不和谐信号：这或许暗示了他们（至少在进化史的某个阶段）经常以强制性手段获得交配机会，因为在雌性不配合的情况下，较长的阴茎有利于交配成功（以强奸惯犯出名的鸭子便有着一条和身体差不多长的阴茎），而阴茎的粗大则有利精子战争——可以更有效地将其他男性的精子泵吸出去。[2]

---

[1] 关于精子战争（sperm wars）及睾丸重量与性策略之间关系，可参见罗宾·贝克(Robin Baker) 的《精子战争》和贾瑞德·戴蒙德的《第三种黑猩猩》。

[2] 阴茎尺寸与强制性行为之间的联系，是我的个人猜测，并非主流观点，参见我的旧文《鸭子的阴茎》（No.3559）。

两性关系的纠结冲突，源自人类所面临的两难境地：抚养和保护子女的任务，要求他们结成以单偶制为主的固定配偶关系，但同时，他们又是群居且高度社会化的动物，其社会结构十分不利于配偶关系的稳定，这一两难所带来的纠结困境，至今仍是两性关系的背景主题。

要说清楚这个问题，我们需要回到养育后代——人类作为生物的核心任务上来，这就要求我们采取进化生物学的视角；当然，进化论和遗传收益不能解释一切，但作为一个思考的起点，它带给我们的启示是其他学科所无法比拟的。

生物学家将繁殖后代的努力视为一项投资，其回报是可见未来的后代数量。提高回报的基本途径有三条：（1）繁殖尽可能多的后代，（2）提高每个后代存活至繁殖年龄的机会，（3）帮助每个后代获得最佳的繁殖机会。

对三条途径的不同侧重，构成了投资策略的两种倾向：偏重第一条途径的数量策略和偏重后两条途径的质量策略。实际的策略选择是两种倾向的权衡，权衡结果将由个体所面临的边际投资收益曲线决定，即，分别投入各途径的最后一份资源的收益相等。

这里存在一个自反馈效应，早先的选择会改变后续选择的边际收益曲线，结果将导致策略倾向的两极分化；最初的分化发生在配子大小上：雄性制造数量多、体积小、包含营养物质少的精子，雌性制造数量少、体积大、营养物质多的卵子——这已成了生物学家区分雌雄的标准。

在从鱼类通向哺乳动物的进化谱系上，雌性的投资策略朝质量优先的方向上越走越远（注：该谱系只是整个进化树的一小部分，所以并不能说这是进化的普遍倾向）；体外受精的水生动物常常产下极大数量的卵，然后听任其自生自灭，其全部投资仅在于卵内营养。

爬行类的卵更大，通常还有钙质硬壳加以保护，但与鸟类和哺乳类相比，其策略仍是极端偏向于数量的，一窝海龟蛋有上百个，但仅仅在新生幼龟从沙滩集体冲向大海的那段危险旅程中，就要被吃掉 90%，如果冲锋发生在白天，死亡率更高达 99%，平均每四千个海龟蛋里只有一个能变成成年海龟。

相比之下，鸟类不仅花几周时间孵蛋，还要将幼雏喂养到羽翼丰满为止；哺乳类则更进一步，把幼崽留在体内（或育儿袋里）养育和保护，有蹄类一直等到幼崽能独立行动才让它脱离母体，接着还要经历漫长的哺乳期，许多食肉类还会帮助子女学习捕猎技能；长臂猿更会协助新近自立门户的子女建立自己的领地。

日益高涨的投资需求，让雌性不堪重负，不得不寻求雄性的合作，而雄性也逐渐“认识到”，在新的条件下，单纯追求数量的策略越来越不合算，缺乏养护的后代即便能存活下来，也极少能获得繁殖机会。

对于人类，最初让两性合作变得不可或缺的，是如下几个大幅加重抚养负担的因素。

首先，人类有一颗硕大的头颅，脑容量三倍于黑猩猩，这给分娩带来了困难，为适应直立行走而改造的骨盆更加剧了这一困难，进化为此找到的解决方案是提前分娩，可以说每个人类婴儿都是早产儿，格外脆弱因而需要更多保护和照顾。

其次，复杂的语言和社会关系，使得人类儿童需要学习的知识和技能远远多于其他动物，为此人类延长了发育期，在大约七岁到青春期之间（相当于小学阶段），多出了一段漫长的身体发育平台期，这自然又加重了抚养孩子的负担。

第三个因素更加致命，让女性几乎丧失了独立抚养孩子的希望：杀婴；在（1）存在配偶关系因而亲子关系可以确定，但（2）这种关系又经常发生变动，同时（3）雄性在体能上处于压倒性优势的条件下，就可能出现杀婴，非洲狮便是一例，不幸的是，人类恰好也同时满足了这三个条件。

通过杀死前任留下的孩子，新上位的雄性不仅消灭了若干潜在竞争对手，也可让他们的母亲结束哺乳并尽快怀上他的孩子（因为哺乳期通常是不孕的）；但这一结果对女性是灾难性的，促使她们寻求忠实可靠的长期配偶，设法让丈夫留在身边共同保护孩子。

正是在孩子抚养问题上的共同利益，让男性和女性结成了婚姻这一古老的神圣同盟，并通过家庭这一合伙企业，将质量投资策略推向了极致：除了漫长的教育期，我们对子女的帮助延伸到了成年期甚至第三代：为他们准备彩礼和嫁妆，帮助他们带孩子，将社会地位和关系资源传给他们，最后还留给他们遗产。

然而，神圣同盟并不和谐，因为我们的社会结构与固定配偶关系存在着根本冲突；固定配偶只有在夫妻的边际投资收益相当时才能维持，妻子的边际收益受其生育数限制（原始条件下很少超过十胎），假如一个丈夫的供养能力也在此限度内，婚姻便可稳定，对多数男性，这一条件是成立的，否则人类就不会有婚姻了。

问题是人类社会存在团队合作和等级结构，使得男性供养能力脱离了个人能力的限度，变得高度差异化且变动不居，权力和财富可以让部分男性能够供养的孩子数远远超出妻子的生育能力，此时假如他被束缚在婚姻之内，就只能被迫将全部资源用于提升现有孩子的抚养质量，而这很可能不如另外娶妻多生几个孩子合算。

假如供养能力的不对称是稳定的，那问题倒也不大，只需将单偶关系换成恰当比例的多妻（或多夫）关系即可，问题是，男性的地位、权力和财富并不是在婚姻缔结之初便可确定且恒定不变的，在生活竞技场上，个人境遇随时可能发生巨大变化，这就要求他们采取更为灵活多变的策略。

实际上，人类社会的复杂性，迫使男女双方都采用了可变的组合式策略，同时也诱使他们采取各种机会主义行动，在婚姻之外，双方都备有相机行事的候选预案，以便最大程度保护自己的遗传利益，在下两篇文章《微妙的人类性策略》中，我会对这些策略做详细介绍。

后记

繁殖策略的数量与质量优先，也可称为广度优先和深度优先。朝深度优先方向转变的动力来自两个方面，后代支系在没有投资时自行繁衍的机会，以及通过投资加以提升的潜力，后者既受限于亲代所能掌握的资源规模，也受限于其影响未来的手段。假如缺乏影响远期未来的可用手段，即便掌握大量资源，在推行深度策略上也不会走得太远。

历史上推行深度策略的极限大概是朱元璋（当然，因为他掌握的资源实在太庞大，所以策略的广度也不小），他利用帝国的庞大资源为其后代作出了有史以来最长远的安排：分配食邑、修好宫室、配好财政保障、制定全套管理制度，甚至连未来几十代的名字都取好了大半（明代宗室成员姓名的三个字里有两个半是朱元璋规定的）。

不过，这一空前绝后的大型繁殖计划，机关算尽却还是留了个大漏洞。皇子皇孙们被关在各地王宫里当成种牛养，不让出门更没有机会学习任何生存技能，养尊处优却毫无独立谋生能力，繁殖效率倒是很高，可一旦帝国倾覆，即刻沦为任人屠戮的羔羊。

微妙的人类性策略·男性篇

2014-02-27,
No.5069

关于人类性策略，诸如“男人有钱就变坏，女人变坏就有钱”“男人喜欢年轻漂亮，女人需要安全可靠”之类流行观念，抓住了某些重要方面，但实际情形比这些句子所能表达的要复杂而微妙得多，而正是性策略的微妙之处，很大程度上塑造了我们的心理和文化。

不过，在讨论男性的策略之前，让我们暂时放下人类，看一个蜥蜴的例子。在发表于1996年和2000年的两篇论文中，生物学家巴里·西内尔沃（Barry Sinervo）和他的同事介绍了美洲侧斑鬣蜥（学名：Uta stansburiana）的性策略，这种蜥蜴按喉部颜色分为三种类型：橙喉、蓝喉和黄喉，其雄性各自采用不同性策略。

橙喉与蓝喉雄性都占有领地并与领地内雌性建立配偶关系，黄喉雄性则不占领地，专门偷偷摸摸伺机与前两者的配偶偷情；橙喉富有攻击性，常抢夺霸占蓝喉的领地与配偶，但因为领地大配偶多，照看不过来，常被黄喉偷腥；蓝喉则满足于较小领地和较少配偶，但严加看管，因而较少被黄喉偷腥；而黄喉的特长是擅于伪装成雌性而混进别人领地，并能制造更多精子从而在精子战争中占据优势。

如此构成了一个像“剪刀石头布”一样循环相克的策略多态：橙喉增加时，黄喉偷腥机会也增加，因而第二代将有更多黄喉，此时更多橙喉将戴上绿帽，其第三代数量将减少；而蓝喉的严防死守策略变得更有优势，也更少受橙喉攻击（因为橙喉少了），结果第四代蓝喉数量增加，于是橙喉有了更多可攻击的目标，导致其数量在第五代又反弹，如此循环，三种类型将以某个比例达成动态均衡。

从这一有趣的模式中，可以窥见一些人类的影子。有些男性富有野心，不甘人下，冒险好斗，为谋取权力和财富不惜拼命，和橙喉鬣蜥一样，他们的雄性荷尔蒙水平更高，死亡率也更高，尽管成功可以让他们得到很多女人，但失败的下场可能会很凄惨。

另一些则是稳妥保守型，满足于凭自身资源条件容易获取的地位，尽早成家娶妻生子，把资源和精力集中在照顾和守护家庭上。人类发展出了多种心理机制来配合男性的顾家策略，包括爱情这种对特定对象的迷恋，对天伦之乐的偏好，以及多数动物都缺乏的父爱。

还有一些是类似黄喉的风流浪荡子，他们无意成家立业，也不爱争权夺利，其遗传成就主要通过短期关系实现，凭借的优势是性吸引力和社交能力，不仅善于取悦女人，也善于取悦男人从而获得接近他们妻女的机会。

尽管有些相似，但人类的策略与蜥蜴显然有许多重要差别。首先，由于人类极高的后代抚养负担，所以对大多数资源条件一般的男人来说，稳妥保守都是优选策略，贪图多妻的进取策略只适合于资源条件特别优厚的男性，而浪子策略则处于边缘地位。

其次，侧斑鬣蜥的性策略由基因决定且终生不变（除非人为改变激素水平），而人类在策略选择上更为灵活，可以随境遇变化而调整，甚至可以运用理性能力进行反思和权衡；和其他许多策略一样，性策略也可以在早期发育阶段根据资源条件进行配置。

假如胎儿根据营养供应水平“判断”（加引号是因为这种判断是无意识的）自己将生在一个富裕家庭，就更可能将性策略配置成较为进取的那种，因为进取策略在富家子弟的成功率较高；相反，假如他预期自己未来会极端贫穷，娶妻成家的机会渺茫，则更可能选择浪子策略。

类似的早期配置选择可能也导致了基于排行的差异，比如当男孩发现自己有好几位兄长，因而无望分到家产，成家立业时也难望得到父母帮助（因为届时他们很可能已经死了），就可能偏向浪子策略。将排行作为一个配置参数，可以在兄弟之间实现策略差异化，降低兄弟间资源竞争。

更重要的差别是，人类会组合使用多种策略，以适应复杂多变的现实条件。

进取型男性也会针对绿帽风险采取防御措施，不过他们的防御风格和稳妥型男性的不同，后者更偏重强化夫妻感情，通过占满妻子时间来防范出轨，而前者更多依靠恐吓来吓退偷腥者，他们的好斗性格适合这么做。

在确保不影响婚姻稳定的条件下，稳妥型顾家好男人也可能出轨，否则就不会有 1/4 到 1/2 的丈夫曾有过婚外情了，只是他们这么做时会更谨慎隐秘，选择更安全的对象；在制度允许且资源充裕时，他们也会寻求多妻，只是他们不会贪多而降低养育子女和防范绿帽的标准。

多数浪子也会娶妻生子，只是与经营婚姻家庭相比，他们更热衷于四处撒种；按《精子战争》作者罗宾·贝克的看法，浪子策略常常与双性恋倾向相搭配，与单异性恋男性相比，双性恋男性更早开始性行为，更勤于探索和尝试各种性技巧，因而拥有更多性经验，他们的异性伙伴也远远多于单异性恋者，而这些正是浪子策略所需要的优势。

浪子策略与双性恋的组合优势，和前面提到的排行差异联系起来就更容易理解：心理学家雷·布兰查德（Ray Blanchard）发现，男性成为同性恋的概率与其兄弟排行高度相关，每多一位兄长，成为同性恋的概率提高 1/3，而根据贝克的理论，同性恋是双性恋的副产品。

除了风流，在婚姻之外通过短期关系谋求遗传收益的另一条途径是强奸。强奸会导致反抗、报复和社会惩罚，因而是一种高风险策略，所以只有在这样一些情况下才会被采用：其他常规策略的弱势者或失败者，只好铤而走险；强奸者拥有权力因而有信心免受报复和惩罚；社会规范的约束暂时被解除时。

部落时代，约束侵犯行为的规范通常只适用于部落内和熟人间，男性经常结成团伙攻击其他部落，就像他们结伙狩猎一样，除了扩大领地之外，强奸和掳掠妇女也是这些攻击的重要动机。即便在文明时代，战争或社会秩序崩溃也常伴随着大规模强奸，这种场合，持任何性策略的男性都可能参与强奸，因为此时既没有报复和惩罚的风险，也不会影响既有的婚姻。

从上面对各种性策略的介绍可以看出，尽管多数婚姻是单偶的，但男性普遍会在条件适当时寻求更多性伙伴，所以在性伦理日益宽松的现代社会，每位男性一生中平均有多达12位性伙伴。特别值得注意的是，人类的社会结构和制度，大幅拓展了男性实施多偶策略的空间。

多偶策略当然是以牺牲其他雄性的交配机会为前提，动物界通常凭借的是体能优势，胜负通过个体搏斗决出，所以多偶制动物的雄性体型显著大于雌性。

与大猩猩或象海豹相比，人类的男女体型差异并不算突出，男人间的性竞争（和他们的狩猎活动一样）更多地凭借团队合作和组织优势，其结果经制度化之后，形成了等级制、财产权、继承权等社会制度，于是性竞争的焦点逐渐转向对权力、地位、财富和继承权的争夺上，只有在这些制度全面崩溃的场合，焦点才又回到个人战斗力上来。

组织和制度的发展，财富的积累，为富贵者实施多妻策略提供了更多手段，帮助他们缓解多妻与防绿帽之间的冲突：高墙深院创造了更严密的闺禁，贞操伦理提高了出轨代价，雇佣奶妈可缩短妻子哺乳期从而增加生育次数，女仆和阉奴可协助预防红杏出墙，裹脚或许也是为了限制妇女的行动能力和出轨机会。相比之下，缺乏资源的小土豪们，只能使用贞操带、割礼、阴道缝合等更野蛮原始的方法。

假如“祖母假说”成立的话，那么女性在预期寿命还剩十几年时就早早绝经，也是对她儿子实施多妻策略的一种帮助。绝经可让年长女性放弃自己的生育机会而将资源转向抚养孙辈（这一交换之所以值得，是因为她自己再生孩子很可能变成生存希望渺茫的孤儿），这一帮助在孙辈不幸丧母时尤为宝贵；同时，婆婆还可监督媳妇防其出轨。[1]

随着大型社会和多层等级制度的出现，多偶策略的空间被无限拓展了。中国和奥斯曼的后宫嫔妃可多达数千，不过繁殖效率却不如阿拉伯后宫。繁殖成就最高的中国皇帝康熙生了 55 个孩子，远远落后于与他同时代的摩洛哥国王伊斯梅尔的 888 个。

然而，论长期繁殖成就，冠军则非成吉思汗莫属。2003 年的一份 DNA 调查显示，一个据信源自大汗的 Y 染色体特征标志，在中亚各国出现的频率高达 8%，在全人类中出现的频率也高达 0.5%。

另一方面，随着分工和贸易的扩展，社会流动性的提高以及近现代的风气开放和妇女解放，浪子策略的优势也越来越明显，尤其在艺术家的社会地位和经济状况有了大幅提升之后，浪子策略更大有走出边缘而成为主流的苗头。

不过，浪子们的繁殖成就多数在婚外实现，难以查证和统计，有据可查的案例中，成就最高的浪子当属威尔士画家奥古斯都·约翰（Augustus John），留下了大约 100 个孩子，当然绝大多数是私生子。亚军大概是美国黑人歌星杰伊·霍金斯（Jay Hawkins），

[1] 祖母假说（grandmother hypothesis）的主流版本其实是外婆假说，即绝经妇女帮助其女儿抚养孙辈，是一种牺牲子代数量以换取孙代数量的深度策略，但依我看，该假说经扩展以后也可以适用于帮助儿子抚养孙辈和看守媳妇的绝经妇女。此处所采用的，即是扩展版本。

据信他的妻子、女友和粉丝们总共为他生下了 75 个孩子。

至此，我只谈论了男人的性策略，有关女人如何在两性关系中尽可能地谋求遗传利益，将是下一篇《微妙的人类性策略 · 女性篇》讨论的主题。

后记

男性策略组合中多偶倾向的实施效果，从 Y 染色体（代表男系）与线粒体（代表女系）遗传标记的分布模式中可见一斑。分子人类学调查反复发现的一种模式是，本土的（相对而言）较古老的线粒体标记和外来的较新的 Y 标记共存于一个群体，Y 染色体的多样化程度总是比线粒体低。

历史上每当一个族群取得某种特殊优势而实现大扩张——印欧、蒙古、班图、日耳曼、波利尼西亚、突厥、阿拉伯、汉族、客家（差不多每个都对应一个大语种）——时，都会在其扩张所及之处形成此类复合模式：当地女性与作为征服者的外来男性混合而成新的血缘群体。

假如我们分别沿男系和女系家族树回溯，前者的收敛速度快得多，也就是说，每一代男性中，有幸留下后代者的比例，比女性低很多。衡量这一差异的最佳指标，是经济学家用来衡量收入不均等程度的基尼系数。假如我们计算繁殖成效的基尼系数，那么男性的基尼系数将比女性高很多，尽管目前还没有这样的统计数字。

微妙的人类性策略 · 女性篇

2014-03-01,
No.5071

在性策略上，女性面临的一个基本约束是她们追求数量的空间十分有限，特别是在婴儿和儿童死亡率极高的时代，即便生育十胎（已接近极限），能活到成年的也只有四五个。在数量上可作的文章，只有通过缩短哺乳期来缩短生育间隔，办法是使用羊奶牛奶等母乳替代品，或者雇佣奶妈。

就繁殖目的而言，女人只需要一位丈夫就足够了——只要他能生产健康精子；一妻多夫制十分罕见，通常是为了满足家庭的经营需要，可以避免财产和土地分割，降低兄弟间的资源冲突，更多是出于男性方面的策略考虑而非女性的主动选择，而且主要流行于穷困阶层或资源极度匮乏的地区。

然而，通常只需要一位丈夫，并不意味着女性不需要更多一些的性伙伴，否则我们就很难理解为何妻子们也会有那么多婚外性关系（只比丈夫们略少），毕竟这些关系多半都是自愿的，许多甚至是她们主动寻求和发起的；一个典型的现代妇女，一生中大概会有 8 位性伙伴。

男人寻找更多性伙伴的主要动机是获得对方的生育资源，而女人这么做时却是出于另一些更精妙的策略考虑。

最容易想到的是后备需要。男性死亡率高，寿命短，在男性从事狩猎、男人间充满暴力争斗、部落间不时发生战争的时代，这一点尤为突出。对于妻子们，缺少备胎是件非常危险的事情，况且，除了丧夫，她们还有被遗弃的风险。

备胎策略要求女性在选定丈夫的同时，不能让其他追求者彻底死心，这意味着她们需要采取一些暧昧姿态，让追求者维持希望，为此，有时就需要给他们一些甜头，但又不能做得太过分，以免危及既有的婚姻，其中分寸不容易把握，但高明的女人可以应付裕如，甚至能够同时维持多条备胎。

备胎策略也解决了寡妇再嫁的迫切性与慎重性之间的矛盾。短暂而宝贵的生育期，急迫而沉重的抚养保护负担，要求寡妇尽快再嫁，但新丈夫的能力和意愿是否可靠又不可不慎察，而备胎则可以让女性有充分的时间和机会从容考察。

第二个动机更加微妙，一方面，为说服男性合作抚养孩子，妻子必须让丈夫对自己的忠贞（从而也对亲子关系）有足够高的信心；但同时，为让丈夫在家庭这个合伙企业里投入全力，又不能让他完全放心，否则他可能只花较少时间为妻儿提供最低限度保护，同时寻求更多性机会，从而将策略偏向数量一端，正如上一篇曾介绍的，夫妻双方的最优子女数量经常是不同的。

为此，女性发展出了一种适度模糊策略，该策略清楚地体现在她们的生理和心理特征上。多数灵长类都有着清晰可辨的发情期，雌性会用诸如性肿胀这样的鲜明信号为其排卵期和受孕能力大做广告，但人类女性的排卵期却是隐蔽的，这意味着丈夫难以判断妻子哪些天能够受孕，于是被迫在（除经期外的）多数日子里守在妻子身边，以防她出轨怀上别人的孩子，这样丈夫就没有时间和精力去发展其他性关系。

有发情期的雌性动物，通常只在发情期接受异性的交配请求（除了像倭黑猩猩这种把性交当作常规社交活动的奇特案例之外），而人类女性则在排卵周期的任何阶段都可能被性唤起并接受性交请求，即便在没有受孕可能的时候，女性也可以达到高潮（尽管程度和几率稍低）。

在缺乏可靠的亲子鉴定技术的情况下，适度模糊策略和备胎策略的组合运用，还可帮助女性抵御杀婴风险。假如亲子关系完全确定，新上位的备胎就有足够的动机遗弃、驱逐或杀死前任留下的子女，但暧昧的备胎策略让他们有了顾忌：孩子可能是他自己的，而模糊策略更强化了这种不确定性：因为在排卵期无法识别的情况下，任何一次偷情都不能排除让女性怀孕的可能。

在表达爱慕、性兴趣和性快感方面，女性比男性更含蓄婉转，情绪也更阴晴变幻不定，更让对方捉摸不透，这些心理机制或许也是配合上述适度模糊策略发展而来。借助一整套复杂信号，女性告诉丈夫：我爱你并愿意忠诚于你，但前提是你要把我看紧了，否则我也不是没有其他选择。

女性在固定配偶之外寻觅其他性伙伴的第三个动机，是提高子女的遗传多样性，以便贯彻一种分散投资策略；由于子女会继承父亲的许多特性，不同特性在各种环境条件下具有不同的相对优势，但未来环境条件难以预料，而多样化可以避免把鸡蛋放在一个篮子里。

更重要的是，由于不同策略所依赖的资源条件不同，假如子女们继承了相同的策略，他们之间更可能出现资源冲突。在上一篇里，我已介绍过基于排行的策略分化，通过以排行为参数进行童年期策略配置，可以缓解兄弟间的资源冲突，但母亲们其实还有更直接的选择：让孩子们从不同父亲那里继承不同策略。

这种多样化不是随机的，而是精心搭配的特定组合。女性在为自己挑选丈夫和为孩子挑选父亲时，遵循的标准有所不同，前者注重的是他养护妻儿的能力和意愿，包括财富、权力、情感专一、喜欢孩子等，而后者更注重他的遗传禀赋，比如健康、智力和性吸引力等。

尽管这两方面有重合之处——抚养能力和意愿一定程度上也可以遗传，而健康和智力也会影响抚养能力——但差异也很明显。财富和权力的取得有很大偶然性，有时甚至和遗传禀赋完全无关，比如彩票中奖者或被国王收养的孤儿，而且这方面的潜力不容易识别；而健康和性吸引力等特性不仅遗传性更可靠，也容易直观地判断。

而且，既然寻求婚外性伙伴是为了提高子女的遗传多样性，而挑选丈夫时肯定会侧重与抚养能力有关的那些禀赋，那么挑选情人时就最好偏重其他方面，所以理想的组合是，一个资源条件丰厚的好丈夫，外加若干其他方面遗传禀赋优秀的情人。

这是总的指导方针，具体如何搭配最优，还要看女性自身的条件，大致上，我们可以识别出几种常见组合；假如一个女人自己拥有庞大的抚养资源，完全无须男性帮助（比如她是伊丽莎白一世），那么她的择婿标准应以可识别的遗传禀赋为主，而且可以大胆实施多样化策略。

不过，能这么做的前提是她拥有自主权，实际上在许多社会，女性的择偶权利常被父母掌握，她的兄弟们也可能会干预，而他们的利益和她并不一致，特别是在权贵阶层，女儿的婚姻常被用作家族建立政治或商业联盟的工具。

如果女人已经嫁了一个资源特别丰厚的丈夫，那么压倒一切的优先任务是生下儿子，并帮助他争取继承权，在此之前，任何其他考虑都要暂且搁置，直到完成这一任务，或者那已经无望实现。之所以生儿子（而不是女儿）最重要，是因为对于特别庞大的资源，只有儿子才能充分发挥其潜力，而女儿由于受生育数量限制，边际收益会下降得太快。

嫁入豪门的女性在多样化上需要特别慎重，这既是因奸情败露而遭遗弃的机会成本太高，也是因为丈夫因条件优厚，不难再娶，因而在决定遗弃（甚至杀妻）时会较少顾忌和犹豫；而且，假如她能够继承亡夫遗产，哪怕只是一部分，也足以让她获得优厚的再婚条件，不需要预先考虑备胎问题。

相反，如果嫁的丈夫条件一般，那她就有理由在备胎和多样化问题上更积极一些，因为这种情况下不仅对备胎和多样化的需要更迫切，而且这么做的风险和机会成本也更低。因为缺少其他选择、再婚条件不佳的丈夫，虽然防范绿帽时会更加努力，但在妻子出轨既成事实之后，却更可能选择忍气吞声。

对于绝大多数不具备女王或公主条件的女孩，嫁个可靠的丈夫都是优先考虑，为此，（至少在传统社会）保有贞洁名声非常重要。风流名声会极大损害女性的择偶地位，所以多数女性不会以短期关系作为其性策略的重点；但是，也有少数自身条件特别差的女孩，由于预感到自己很难找到可靠丈夫，只好选择以短期关系为主，并因此而放弃贞洁名声。

有研究显示，在童年期没有父亲或缺少父爱的女孩，月经初潮时间更早，也更早开始性关系，而且更倾向于短期关系[1]，这或许是因为，没有父亲很可能意味着是私生子，或者会非常穷困，在缺乏父亲保护的情况下，遭遇性侵犯而失贞的几率也更高，所有这些，都会让择偶条件变得很差。

和其他女性一样，在短期关系中，女性更偏爱处于策略光谱两端的男性：要么是社会地位高的“橙喉”富贵子弟，要么是性魅力高的“黄喉”浪子，而不喜欢较为保守中庸的顾家好男人。“男人不坏女人不爱”这句俗语，说的正是这一点。

因为富贵子虽不大可能娶她为妻，但或许会愿意资助她和孩子，只要孩子有相当大可能性是他的；相反，好男人因为顾忌家庭，很可能不敢认私生子更不敢资助。而浪子则可以让她儿子继承到他的风流本事，由于她儿子未来极可能是个地位低下的穷人，在这种处境下浪子策略将更有优势。

女性一旦选定以短期关系为策略重点，贞洁声誉就不再重要，因为男性在短期关系中不在乎这一点，放荡名声反倒可以帮助她们吸引短期性伴侣，因为追逐者会觉得她们更容易得手，也更少需要负责任。

---

[1] 参见大卫·巴斯（David Buss）《欲望的演化》第四章。

后记

短期关系往往伴随着更多物质利益的交换（通常由男性付出），一种极端形式是买春，这是固定配偶关系主导择偶市场的条件下，男女对短期关系的供需不对称所造成的一个特殊生态位：男性一方面对短期关系需求旺盛，同时对配偶守贞的要求非常高，于是那些在婚姻市场上处境特别不利的女性，便可通过放弃贞洁而换取现金回报。

她们常常趁年轻时通过大量货币化的短期关系积累资产，然后择机嫁人。尽管为娼历史会大幅贬低其择偶条件，但靠之前积攒的这笔私房钱，仍有望养活若干儿女，对于处境极为窘困的底层女性，也不失为一种可行策略；此类短期关系和常规配偶关系之间，还有一些像情妇小妾二奶之类的中间形态。[1]

[1] 这里指包养性质的情妇（concubine），不同于对等关系的情人（mistress 或 lover）。

乳房之谜

2014-03-03,
No.5073

人类许多身体特征是独一无二的，德斯蒙德·莫里斯（Desmond Morris）在《裸猿》中指出了其中最显著的一个：人类是所有灵长类中唯一失去了体毛而将大部分皮肤裸露在外的物种。对此，一种解释是为了适应狩猎时的长途奔跑需要，裸露的皮肤加上发达的汗腺，可以在长跑时解决散热问题。

另一种解释是，裸露皮肤是为了增强性敏感，以配合人类异常频繁的性活动，如上一篇所介绍的，人类在任何时候都可以被性唤起并实施性活动，这是女性为将配偶长时间吸引在身边而发展出的罕见特性，而更强的性敏感有助于实现这一点，支持这一解释的证据是：人类体表确实广泛分布着大量敏感区。

两种解释并不冲突，实际情况或许是，最初裸露只是为解决散热问题，而一旦体毛开始丧失，该特征便成为性选择的对象从而得到强化（即光洁无毛的皮肤成为一项择偶偏好），结果，并不从事狩猎因而不怎么需要长跑的女性，体毛丧失反而比男性更彻底，这一点只能用性选择解释。

在前面的文章里我已提到，男性阴茎的巨大尺寸，或许暗示了强奸曾经是他们获得生殖机会的一个重要途径；另外，男性还有许多与性有关的身体特征，比如喉结、突出的下巴、特定分布的胡须等，都是性选择所塑造的第二性征。

不过，男性拥有第二性征是件很平常的事情，许多配偶竞争激烈的动物，雄性都有鲜明的第二性征，比如孔雀的尾羽、狮子的鬃毛、驯鹿的角。由于雌性为每个后代所投入的资源远多于雄性，所以配偶竞争主要发生在雄性之间，因而性选择通常也都指向雄性。

更值得谈论的，是女性的乳房。众所周知，乳房是用来哺乳的，可是假如乳房只是用来哺乳，那它为何在根本不需要哺乳的时候也总是鼓胀坚挺着呢？要知道，几乎所有哺乳动物的乳房，都只在需要哺乳时才隆起，只有人类女性的乳房才常年隆起，而且隆起的原因不是乳腺发达，而是充塞了与哺乳功能毫不相干的脂肪。

更奇怪的是，女人乳房的丰满半球形状，不仅对哺乳没有帮助，反而有妨碍，既不利于婴儿含吸，更容易导致哺乳窒息。从哺乳功能考虑，带有长乳头的U形瓶状乳房才是理想形状——人工设计的奶瓶奶嘴正是如此。

对于人类女性永久性隆起的乳房，一种解释是，它是对臀部的自我拟态（automimicry），这种看似离奇的说法不无道理。在猿猴类中，雌性发情信号主要表现在臀部的性肿胀，臀部形状和颜色成为雌性向雄性发送性刺激信号的主要手段，因而雄性也发展出对这些信号的敏感性。实际上，人类男性仍保留了对丰满臀部和鲜明臀沟的敏感和兴趣。

但猿猴类还有个特点：它们相互间的观察和交流主要以面对面的方式进行，它们的许多特性都与此有关：向前的双眼视觉，更丰富细腻的面部特征和表情，经常采用直身坐姿。直立行走的人类更将这一点推向极致，所以，假如能通过拟态而将起信号交流作用的体征转移到身体前面来，是有好处的。

实际上，有些猿猴也正是这么做的，长鼻猴雄性那只没有实用功能的大鼻子，很可能是对雄性生殖器的拟态。而山魈（mandrill）那张形状奇特颜色鲜艳的脸，更是几乎完美再现了由它的屁股和生殖器所组成的“后脸”。

研究过乳房问题的生物学家，无论是否采纳拟态假说，至少都相信乳房的永久性隆起是女性的一项第二性征，这一点从男性心理上也可以得到印证（性吸引特征和对该特征的敏感总是成对出现，否则便失去了其功能意义）：乳房是男人的一个主要性趣焦点，整容业和色情业人士对此都有着良好领悟。

然而，真正重要的问题是，为何女性会有第二性征？要知道，绝大多数动物只有雄性才有第二性征，因为性选择通常都指向雄性，而这又是因为雄性在配子制造和生育过程中投入很少，中途放弃并更换配偶的机会成本也很低，因而大可以抓住一切交配机会而无须挑剔对方的遗传品质，也就不会对异性的特征构成性选择压力。

可是人类女性却有许多鲜明的第二性征，除了乳房，还有光洁细腻的皮肤，修长的脖子，更细的腰和更低的腰臀比，堆积了更多脂肪的臀部，红润丰满外翻的嘴唇（其丰满和外翻程度比男性显著，有人认为这是对阴唇的自我拟态），细长而清晰因而更具表现力的眉毛（眉毛是重要的表情工具）——所有这些部位都是化妆和整容的重点，并非偶然。

肘关节外翻可能也是女性第二性征。女性肘关节的提携角（即手臂在体侧伸展时，上下臂之间的夹角）比男性大 5–8 度，从实用功能看，这可能是为了方便女人提携重物，因为女人的肩膀窄髋部宽，需要更大的提携角才能避免所提重物摩擦碰撞胯部从而妨碍行走。不过，实际的外翻程度往往超出实用所需，可能是性选择强化的结果，它让女性手臂显得更加婀娜性感。

女性第二性征的重要性，从两性心理上也可看出。男性在选择伴侣（无论是长期还是短期的）时比女性更看重对方的外貌，常常将此列为头号条件；而女性在长期关系中只将外貌列为次要条件，在短期关系中才更注重外貌，但也不如男性那么注重；同时，女性也比男性更在意自己的外貌，整容和美容业主要是为女性服务的，这与动物界的普遍情况恰好相反。

为什么呢？一种观点认为，女性变得更漂亮性感，和隐藏排卵期一样，是为了将男性长时间吸引在身边，帮助她们共同保护和养育孩子，而美貌让女性在这方面做得更成功，因而构成一种选择压力，推动了女性的美貌和男性对美貌的偏好协同发展。

这个解释有些道理，但并不充分，因为性竞争中，两性的得失差异有着天壤之别，竞争失败的雄性可能输个精光，完全得不到交配机会，一个后代也留不下。在性竞争激烈的象海豹中，抢得王位的雄性独占几十上百头雌性，而绝大多数雄性却无后而终；非洲狮和大猩猩的情况没这么极端，但落得如此下场的雄性比例也注定很高，可见选择压力之大。

相反，雌性无论如何都不会缺少交配机会，因为她们的生育资源太宝贵了，而雄性利用它的机会成本也很低，不可能被浪费；即便有些雄性资源条件优厚，也没有理由和资格挑剔雌性，因为他们倾向于多拥有配偶，而更多的配偶将摊薄每个配偶可以分到的资源。在均衡水平，每个雌性得到的抚养条件相当，因而没有理由接受雄性挑选。

这一点对照长臂猿和鸟类就很清楚。长臂猿采用一夫一妻固定配偶制，雌性同样需要雄性合作抚养后代，但长臂猿两性身体差异很小，没有显著的第二性征；许多鸟类都结成固定配偶合作抚养后代，也有发达的第二性征，但通常都限于雄性，雌性则相貌平平。

女性的第二性征，只能从人类独特的社会结构和等级差异才能得到理解。在前面的文章里，我已说明了，在人类两性合作关系中，男性被看重的，主要是他们的保护和抚养能力，同时，由于语言赋予了我们合作与组织能力，男性个体间的竞争优势差异被团队合作成倍放大了：少数男性通过紧密合作取得统治地位，支配其他男性，从而形成等级差异。

这种组织结构最初是出于狩猎需要。作为狩猎者，人类在身体构造和体能上没多少优势，优势主要来自工具和组织，而等级化组织一旦建立，其力量也自然被用于性竞争。这一发展带来了两个后果：一方面，那些高等级男性所能支配的保护和抚养资源，让他们有能力抚养许多妻子和她们所生的孩子，实际上，他们也确实比其他男性拥有更多配偶和性伙伴。

但另一方面，他们又不能占有其资源条件所允许的那么多配偶，这是因为，男性的竞争优势并不像大猩猩和象海豹那样来自个人能力，更多来自团队合作，而为了取得团队中地位较低成员的支持配合（或至少不反抗），必须给他们也留出足够的性资源，否则会造成太多反抗和背叛，合作关系和统治地位皆难以维持。

实际上，类似局面在我们的近亲黑猩猩中已能看出苗头。灵长类学家弗朗斯·德瓦尔（Frans de Waal）在《黑猩猩的政治》里，介绍了雄性黑猩猩之间如何钩心斗角合纵连横谋取支配地位，那只暂时成为头领的雄性占有大约一半的交配机会，他的合作与支持者也会分得不少机会，而地位最低的雄性几乎没机会。

另一个因素也阻止了高地位男性占有过多配偶，如前文所提到，人类配偶关系并非忠贞不贰，女性常采用模糊暧昧的混合策略，控制配偶出轨是个困难的任务。在缺乏有效闺禁手段的条件下，闺禁成本和绿帽风险将随配偶数增加而急剧上升。

正是高地位男性抚养能力与最优配偶数的不一致，对女性构成了选择压力，因为合作需要和闺禁困难迫使这些男性采用牺牲数量换取质量的策略，换句话说，因为他们的资源条件不会被配偶数量摊薄至平均水平，所以他们有资格对配偶质量进行挑剔。

但这还不是故事的全部，如果嫁给高地位男性的好处仅仅是高出平均水平的抚养条件，恐怕还不足以为我们所见到的第二性征提供足够大的选择压力。更强大的选择压力来自高地位的父系可继承性。

因为无论资源条件多么优厚，女性生育胎数都十分有限，嫁入豪门的好处，主要不是体现在她自己所生育的子代数量，而是她儿子可能为她生下的孙代数量，前提是：她确实生下儿子并且儿子继承了她丈夫的高地位。

当然，在人类早期社会，大概不会有制度化的继承权，但这并不意味着权力和社会地位就没有可继承性。首先，让男性在权力竞争中取胜的那些禀赋，很大程度上是可遗传的；其次也更重要的是，在亲子关系可辨认并且寿命足够长的条件下，既已获得高地位的男性，可以利用手中权力帮助儿子们谋取权力和地位。

父系可继承性不仅成倍放大了女性嫁入豪门的好处，也大大强化了男性对貌美女性的偏爱，因为美貌妻子更可能为他生下美貌女儿，而美貌女儿更可能嫁入豪门，从而为她带来更多曾孙辈后代，如此便构成一个正反馈：嫁入豪门的好处越多，美貌带给女性的优势就越大，继而男性对美貌的偏好越强烈，于是嫁入豪门的好处更多，如此反复。

结果，人类发展出了动物界独一无二的双向性选择：首先是女性对男性的选择，导致了男性的诸多第二性征以及（更重要的）地位与财富的分化（不妨称之为第三性征）；而男性的地位分化（加上父系继承）进而对女性的美貌构成选择压力，而两种选择交互作用，相互强化。

上述洞见，对我们探索和理解人类社会的历史有着重大意义，它提示我们，固定配偶关系、社会等级分化、父系家族组织和父系继承关系等曾被认为很晚才出现的文化和制度元素，很可能在智人离开非洲之前很久便已存在，除非永久性乳房是离开非洲后各种群独立发展出的，但这看上去不太可能。

不仅如此，由于双向性选择机制给权力竞争的成功者所带来的巨大优势，它持续推动着最初导致它出现的那些元素向更成熟更制度化的方向发展：将固定配偶关系变成由一整套法律和道德规范所支撑的婚姻制度，将最初限于狩猎团队内的等级组织变成大型社会的多层次等级结构，将父系合作关系发展成大型父系宗族，从父系继承关系中发展出了财产、权力和等级身份的法定继承权。

这些发展，又反过来增强了两性所面临的性选择压力，促使男性的第三性征（种种对地位和财富的标示和炫耀）和女性的第二性征变得越来越发达。不过，随着制度发展方向的分化，不同社会的性选择强度、起作用的方式和它所产生的效果都有所不同，这或许也导致了性别特征显著性上的种族间差异。

后记

今年夏天的一次新书推介会上，有读者请我展望一下两性关系的未来前景，当时我只提了一点：未来随着人口趋势的扭转和生存压力的放松，两性择偶标准中，财富、权力、地位等“身外之物”的优先级大概会下降，而健康、容貌、身材、魅力、聪慧等身体和心理禀赋的优先级将会提高；现在不妨将这一展望再推进一些。

城市化的后果是人们愿意生的孩子越来越少了，同时女性独立抚养孩子的能力则提高了（实际上，在发达社会，有越来越多单身女性独立抚养孩子），因而对男性资源条件和抚养意愿的要求也在降低；与此同时，两性对配偶先天禀赋的偏好则更为牢固，结果后者在择偶标准中的优先级便大幅上升。

如此说来，就先天禀赋而言，性选择的强度在提高，那么，这一力量是否会促使那些与性吸引力有关的身体和心理素质的平均水平不断提高，从而让人类在总体上变得越来越漂亮、聪明、富有幽默感呢？

恐怕不会，因为性选择强度确实会提高，可是生育模式的转变，切断了择偶优势与繁殖成就之间的关系。禀赋优秀因而更受异性青睐的个体，并不比禀赋稍逊者留下更多后代（很可能反倒更少，因为他们往往在事业上更为成功和活跃，而用于生儿育女的时间较少），因而让他们拥有优秀禀赋的基因在人类群体中的频率不会因性选择而提高。

结果可能是一种两极分化的趋势：性选择的力量，将人口中的一部分逐渐拉出来，形成两个高度内婚的群体，即绝大部分配偶关系发生在群体内部成员之间；同时，一个群体的规模逐渐扩大，另一个则日益萎缩。

童贞崇拜与掠夺性强奸

2014-05-21,
No.5131

童贞（virginity）崇拜广泛存在于各大文化中，定居农业社会尤为盛行。时至今日，处女党队伍在某些国家依然庞大，妇产科医生们时而还会遇到男性咨询者请教如何甄别女友是否为处女，为此有人甚至不惜将女友私处照片上传到健康咨询网站上。

对童贞的要求曾经是男性觅偶策略（mating strategy）的一部分。历史上，由于人类幼儿特别沉重的养育负担，人类后代抚养模式经历了一个从单亲抚养向双亲合作抚养的转变过程，在此过程中男性对家庭与子女的情感和资源投入不断增加，然而在亲代投资问题上，男性面临一个根本障碍：亲子关系的不确定性，而对童贞的强调正是用来克服这一障碍的方法。

新娘的童贞可以让丈夫相信至少头胎孩子是自己的，否则他就需要将新娘闺禁小半年以确认其此前未怀孕；更重要的是，婚前守贞的历史，是判断妻子今后出轨风险的重要信号，所以一旦谈判地位（这一地位随男方在家庭中投入资源的比例增加而提高）允许，男性就会对童贞提出要求。

不过童贞并不容易识别，它意味着在很长一段时间内没有发生过某种事情，要证明这一点非常困难。传统中国社会的流行做法是将达到性成熟年龄的女孩置于严密监控的隔离制度之下：多数时间关在与外界隔绝的闺房里，通过缠足削弱其行动能力，外出须由女眷陪伴，且活动时间与地点皆有严格限制，还有一整套社交规范限制其与成年异性的接触。

这么做成本相当高，不仅损失了受控女性的生产力，还要耗费监控者（通常由女性长辈或女佣担任）的大量时间，即便如此，其成效就个案而言也是无从验证的，而只能体现在这套系统在家族历史上的长期执行效果——所谓的“家风（family honor）”上。

为此而建立的各种昂贵设施和制度，其实是一种信誉抵押品，相当于品牌厂商所投入的巨额广告费，借此告诉买家：如果我闹出丑闻，这些投资就全部泡汤、甚至会成为我的负资产（一个难以洗刷的坏名声），所以你可以相信：我会尽力避免这种事情发生。

这样昂贵的闺禁系统，只有大户人家才负担得起，穷人就只能求助于其他更廉价的措施，比如早点把女儿嫁出去，把闺禁负担转移给夫家，或者用石刑、火刑和沉潭之类的事后严酷惩罚来威慑女孩守贞[1]，而其中最简单粗暴的做法，莫过于流行于非洲北部和阿拉伯地区的女性割礼，对生殖器的残毁与缝合使得婚前性行为根本不可能发生。

所有这些措施的重点都在于行为控制，但假如性交会在女性身体上造成某种不可逆的改变，那么童贞便无须依赖对个人历史的了

[1] 这些惩罚措施在一些文化中被称为“荣誉处决（honor killing）”，其功能除了震慑女性之外，也有宣示家族守贞决心的作用，类似于品牌厂商的大规模召回或销毁质量可疑产品的行动，借此可以告诉世人，他们在维护族内女性贞操问题上是非常严肃且不惜代价的。

解而可直接由当前状态而得到验证了，就像盖印封蜡的完整性可以证明信件在封印之后从未被打开过。曾几何时，人们为童贞也找到（或以为找到）了这样的封印——处女膜，尽管它实际上和封蜡一样并不那么可靠。

于是，从童贞崇拜衍生出了更专门化的处女膜崇拜。

然而，童贞崇拜以及围绕它而发展出的整套贞操文化，尽管在降低亲子关系不确定性从而提高男性对家庭的投资意愿上确实起到了作用，但同时也带来了一个出人意料的后果：对贞操的极端苛求实际上鼓励了强奸。

这种鼓励以两种不同方式发生，首先是强奸受害者经常不敢揭发强奸罪行，因为在贞操文化中失贞（即便是由强奸所导致）被视为非常丢脸的事情，失贞者可能因此而遭受严酷惩罚，甚至会被荣誉处决，所以假如强奸是发生在隐秘场合，受害者很可能隐忍不发，而许多男性正是利用这一心理才敢大胆施暴。

第二种与传统社会处理强奸案的习俗有关，由于失贞使得强奸受害者在婚姻市场上的地位大幅跌落，她与强奸者发生过性关系这一事实，在所有潜在配偶看来都是个难以容忍的污点，除了强奸者本人。这样，强奸实际上造成了一种单边垄断局面，强奸者通过实施强奸为自己取得了垄断地位：受害者除了嫁给他，几乎别无选择（除非她愿意接受最差的条件）。

所以在许多传统社会，强奸受害者的家庭往往会要求强奸者娶受害者，以此了结案件，只有当强奸者拒绝（或不可能）这么做时，受害方才寻求其他惩罚或报复手段。这样一来，就为那些因为贫穷、地位低下、丑陋或身体残疾而没有能力通过常规正当渠道娶到妻子的人提供了一个额外机会：通过强奸获得妻子。这种做法，不妨称之为掠夺性强奸。

掠夺性强奸可以视为一种特殊的抢婚，实际上，广泛流行于中亚社会的抢婚，正是基于人们对被抢女孩贞操的怀疑而得以流行，所以真正的抢婚行动多半都伴随着强奸，这样即便没有真的发生强奸，女孩的贞操也不再可信，于是女方家庭被迫接受婚姻。（当然，抢婚习俗在某些地方如今已丧失了掠夺实质，只剩下一个仪式性的外表了。）

童贞崇拜和掠夺性强奸的上述关系，从一个特殊案例中可以看得更清楚。在太平洋西波利尼西亚的萨摩亚社会，童贞崇拜和掠夺性强奸协同发展到了一种极端的形态，人类学家德里克・弗里曼（Derek Freeman）在《玛格丽特・米德与萨摩亚》一书中对此作了详细介绍。[1]

萨摩亚人极端重视童贞，尤其表现为处女膜崇拜，女孩被兄长们看管得很严；在萨摩亚传统婚礼上，有一项重要仪式：新娘裸体站在众人面前，由新郎（如果新郎是位高级酋长，就由他的首席议事酋长代劳）当众用右手食指加中指刺破新娘的处女膜，然后骄傲地高举手臂展示带血手指，于是众人才开始赞颂与庆贺。

这种情况下，假如经过两次尝试后新郎手指未见沾血，婚礼将

[1] 弗里曼此书本意是在反驳玛格丽特・米德（Margaret Mead）在其名著《萨摩亚的成年》中对萨摩亚社会与人格特征的描绘，不过该书对萨摩亚历史背景和一些重要社会特征的阐述相当透彻，完全适合作为一本普通人类学著作阅读。

被取消，新娘会当即遭受其家人的严厉责罚，在较早年代甚至可能被当众乱棍打死。

萨摩亚男人将亲手破贞并沾得处女血视为一项极大荣耀，多次成功破贞（无论是在婚礼上还是通过暴力强迫）的男人将被奉为英雄，尤其是当对象是其他村庄的高地位处女（拥有“陶泊”头衔）时；吹嘘曾给某某处女破贞，是男人们私下闲聊的重要主题。

同时，萨摩亚社会中发生的强奸与其他社会有着明显不同，主要强奸对象是处女，而强奸的首要目的是破贞而不是完成常规性交，常见手法是，用拳头猛击女孩胸窝，令其暂时丧失呼叫能力，然后迅速将一根或两根手指插入，刺破处女膜，一旦得手并沾血，常会狂喜大呼，只有在不到一半的案例中，强奸者会继续完成性交。

类似的强奸方式也会以一种偷偷摸摸但更有效的方式进行，强奸者在深夜或凌晨偷偷潜入事先选定的处女的卧室，趁其熟睡之际迅速完成手指破贞。以此方式发生的强奸案比前一种更加普遍，它在萨摩亚语里被称为“莫托托洛（moetotolo）”，字面意思是“睡觉时爬进来”。

无论是通过哪种方式，强奸行动如果失败（未能完成手指插入），强奸者若被抓住就会遭受严厉惩罚，可一旦成功，和上述其他社会的习俗一样，被强奸女孩的家族通常会答应把女孩嫁给他，后者只需支付一笔赔偿。所以很明显，对于那些没有能力通过正常渠道娶妻的男性，这是一种获得妻子的可行方法，实际上，这也正是萨摩亚社会强奸作案者的主要动机。

男人控制运用自己的手指，比控制运用自己的生殖器显然容易得多，因而完成手指破贞的成功机会也比完成常规性交大得多，所以既然这些强奸的首要动机是掠夺配偶而不是满足性欲，也就不难理解为何强奸者会将手指破贞而不是常规性交作为其行动的核心目标了。

童贞乃至处女膜崇拜，最终竟然孕育出对女性具有如此伤害性的副产品，真是一出文化悲剧。

后记

长期配偶关系对童贞的要求，可以从另一个侧面看到：当确保童贞的条件无法满足时，男方会寻求替代手段。存在于古代多个民族的杀首子习俗，很可能便是出于此类动机的极端做法。比如《墨子・节葬下》说“越之东有輆沐之国者，其长子生则解而食之，谓之宜弟”；《汉书・元后传》说“羌胡尚杀首子以荡胸正世”，颜师古注“言妇初来，所生之子或他姓”。

《旧约》多处记载了（比如《出埃及记・13》《民数记・3》）以色列人向上帝献祭长子的习俗；詹姆斯・弗雷泽（James Frazer）在《金枝》里提到更多此类记载

和传闻，包括乌干达土著、佛罗里达印第安人和古希腊王室。“在古代希腊，看来至少有一家很古的王室，其长子总是代替他们的父王作牺牲献祭的。”这些以长子献祭的做法，背后或许有类似动机，亦未可知。

第三章

家庭

性别分工与夫妻合作或许是人类最古老的分工合作形式，而家庭则是人类最普遍也最古老的组织，即便在结构最简单、文化最简陋的社会，比如几十人一伙的狩猎采集游团，没有其他任何组织形式，但也都有家庭存在。

如果说婚姻是男女为合作养育孩子而订立的契约，那么家庭就是实现合作目标而建立的企业。诚然，家庭一旦存在，便会被赋予更多的价值和意义，也会承担起更多社会功能，正如人们最初为实现某种商业目的而建立的企业，一旦存在，也会发展出专业精神、职业伦理、同事情谊和企业文化。然而这些都不能否认，养育任务才是家庭的存在基础。

认识到这一点，可以让我们更好地理解家庭所面临的种种问题，以及当前正在发生的婚姻与家庭变迁。比如所谓七年之痒和中年危机，大都发生在孩子上学、育儿负担高峰过去之后，而出现这样的负担落差，只是因为现代人多将生育集中在婚后头几年内，而在哺乳期更长、生育次数更多、寿命却更短的古代，生育通常更均匀地分布在整个育龄期中。

现代城市社会，由夫妻和未婚子女组成的核心家庭日益成为主流，然而在历史上，家庭结构却非常繁多，正如企业一样，即便面临着同样的核心任务，但随着资源条件、比较优势和经营策略的不同，人们也会选择不同的商业模式，并为此而设计不同的组织形式。

在农业时代，三代同堂的扩展家庭更为常见，四代甚至五代同堂的大家庭也并不罕见。当大家庭的合作优势足以抵消其内部冲突带来的成本时，妨碍家庭向大型化发展的，便只有家长的寿命和记忆共同祖先的能力了。从小家庭到大家庭，从家族到宗族，多重血缘群体的繁衍扩张和分支裂变，也是早期社会走向复杂化的一条主要途径。

家庭的悠长历史，给我们的心理和文化都打上了深刻烙印，人类男性有着哺乳动物中少有的父爱，拨动我们怜爱的心弦。让我们大量分泌催产素（oxytocin）的种种萌物，无论是宠物、玩偶，还是动画形象，究其萌点，无一不是某种婴儿特征，大脑袋、蹒跚短腿、小鼻子小嘴、频率音色近似婴儿啼哭的叫声，等等。

每当我们想要和别人建立亲密关系，或营造温馨友爱团结氛围时，常会不假思索地虚构家庭或亲属关系，从随随便便地称兄道弟，到隆重其事地义结金兰，结干亲、认教父，类似的关系缔结仪式在各大文化中普遍存在，许多宗教也以兄弟会之名组织教团，秘密社团帮派更是喜欢模拟家族结构。虚拟家庭的极端形式是配冥婚，未能成家的人生被认为是不完整的。

现代家庭与传统家庭的一个根本区别是它的私密性，家庭被视为绝对私人领地，与社交和公共生活都有着截然分明、不可侵犯的界线。传统家庭的边界则没那么清晰，隐私观念也不那么强烈，住宅大门很宽，白天很少关闭，通常有一间宽敞通透、亲友邻居可随便出入的堂屋。组成大家庭的几个核心家庭常常同居一户，却又分灶而食，空间分隔并不清晰严格。

从家庭、家族、亲属，到乡邻、村社、集市，从私人到公共空间的过渡是连续而平缓的，个人的社交与关系网络随这一过渡带而扩散，构成一组从亲密到疏远、从熟悉到陌生的同心圆，而家庭便是这组同心圆的中心，它是个人所有活动的出发点，个人与外部世界的任何互动关系，皆以上述同心圆结构为传导介质。

现代家庭主要是个消费中心，而传统家庭同时也是个生产中心，因而其结构与规模需要和生产模式相适应。若生产模式需要较多合作与公共品，便倾向于大家庭和更紧密的家族组织；若规模经济要求更多家庭劳力，多妻制往往更流行；拥有庞大畜群的畜牧家庭，有时妻子甚至会鼓励丈夫多娶。

在教会、公司、大学、社团、政党等其他组织形式尚未发育的时代，家庭是个万能组织，被用来经营几乎所有事业：农业由家庭农场经营，工厂是家庭作坊，学徒是师傅的家庭成员，私塾开在教师或学生家里，文学沙龙在私人客厅。李渔用他一群妻妾组成了戏班子，君主也常倚赖家人亲属经营其权力，亚洲许多政党不过是穿上现代外套的家族。

现代法治环境和信用体系建立之前，迂回生产和大跨度贸易所需要的信用资源大都来自家庭关系；商路的建立，贸易网络的扩展，供应链的延伸，大型连锁商号的兴起，往往与商业家族的分支移居同步，从热那亚商人、北非犹太人到宁波帮、徽商、东南亚华商和现代温州商人，莫不如此。

万能家庭涵盖生活所有方面，生产、消费、生养、教育、亲情、娱乐，将个人重重笼罩其中，很少留下自我空间或逃避出口，尤其是对全部活动被束缚于其中的传统女性，更是如此。它不是避风港，而是主战场；在有些人看来，这种“朝夕相处，不分彼此，每件事都一起做”的传统家庭，才是充满人情味的，现代家庭则变得疏离而冷漠。

但朝夕亲密也是有代价的，尤其是当对象无可选择时，争斗与冲突就不可避免：父子反目、兄弟阋墙，婆媳妯娌姑嫂也都不省油，嫌隙不断却又不得不继续相处；相比之下，现代家庭反倒因剥离了大部分传统功能而变得更纯粹，较少利益瓜葛的亲情，消除了相互计较和操控的动机，尽管会稍稍疏离淡泊一些，却更轻松甜美了。

今天，越来越多的人离开父母和出生长大的地方，自己选择职业，自己寻找配偶，独立建设小家庭；但与此同时，他们仍常常挂念着远方的家人与家乡，每年春节，仍会想尽办法回到那里与家人团聚。

婚姻被抛弃了吗？

2011-06-02,
No.1862

近日，民政部发布了第一季度民政统计报告，显示该季度有317.6万对新人结婚，同时有46.5万对夫妻离婚，分别比去年同期上升了4%和17%。离婚数量的上升已持续了7年多，每次新数据发布都会引来一些议论，其中不乏对婚姻和家庭正在瓦解的警示和慨叹，有人更认为，这是城市化、社会流动性提高、女性独立、性文化开放等一系列经济社会变迁的必然后果。

离婚率确实仍在提高，但并不能由此得出婚姻制度正在瓦解的结论。婚姻的根本基础是两性合作抚养孩子的需要，所以，只要人们仍在生孩子，女性在孩子抚养上仍在谋求男性的合作，并且他们仍在婚姻与家庭这种模式下达成合作，婚姻便不会消失。从这一认识出发，判断婚姻瓦解更有效的信号不是离婚率，而是单身母亲的比例、有未成年孩子夫妻的离婚率以及女性择偶时有多看重对方的抚养能力和意愿。

实际上，统计数据反映的恰好是相反的情况，中国的离婚率是两头高：绝大部分离婚发生在35岁之前和50岁之后，前者尚未生育的比例很高，后者则孩子已经自立。从这一点看，婚姻在中国的基础依然稳固，与欧洲国家的情况大不相同。在那里，未婚母亲和单亲家庭已十分普遍而平常，许多人干脆不结婚了，即便结婚，其择偶考虑中抚养孩子的需要也变得越来越微弱。

不过，尽管婚姻的核心基础未变，但功能层面上的契约形式，所规定的义务内容以及有利于巩固婚姻制度的价值和伦理体系，却可能正在迅速改变，这是因为，在新的经济条件下，婚姻关系的核心职能已无须由这些文化和制度元素来维系。当然，偏好和文化的惯性会延迟这一变化，但在几代人的时间跨度上，这种变化是难以阻挡的。

由两性组成核心家庭合作抚养孩子的婚配模式，在人类进化和文明史上扮演了重要角色，其历史至少和现代智人的起源一样早，或许更早。它塑造了我们人性和文化中的许多成分，比如堕入情网难以自拔的心理机制，性嫉妒、男性的处女情结、对配偶出轨信号的敏感，这种敏感在男性更侧重于身体出轨、女性更侧重感情出轨，择偶倾向中男性对生育能力的关注、女性对保护和抚养能力的关注。文化上，我们也发展出了很多对婚姻责任的约束和惩罚机制。

但技术条件的改变使得某些元素对于婚姻的核心功能不再是必须的，或者变得不那么重要了，比如，有了可靠的避孕和亲子鉴定技术，对丈夫而言，妻子出轨的代价比以前要低得多，一顶不结果的绿帽不会把他妻子的肚子占用数年（含哺乳期），也不会让他受骗抚养别人的孩子，特别是现代社会的低婴儿死亡率和少生精养的生育策略，使得妻子的可生育年龄不再像过去那么高度稀缺，即便不是处女、甚至给别人生过孩子，其生育价值也不会下降多少。

再如，有了财产地位等非人力资产，男性求偶者便无须用难以自拔的爱情来证明自己的专一性抚养意愿和能力，后者是缺乏信用抵押物时取得信任的替代品，就像身无分文的创业家在天使投资人面前所表现出的对事业的狂热和执着，但假如你有一套房产，一份收入稳定的工作，还有大把现金可以为妻子和孩子买足保险，便无须用这种狂热来让她信服和安心了。

另外，现代人寿命两倍于古人，并且，高度流动性社会中，年轻人的教育和事业前景也更少依赖家庭关系和家族纽带，因而除了情感上的考虑，中年过后的漫长岁月中，不必再为孩子而维持婚姻。同时，女性财务上的独立性，使得中老年人的离婚无须再背负遗弃妇弱的伦理包袱，这些，都使得中老年离婚变得更容易。

当然，文化和本能都有强大的惯性，许多人性和文化元素起初只是功能性的，可一旦出现并长期存在，便成了我们心理和文化结构的一部分，被赋予了终极性的价值，即便其原先所服务的那些目标不再需要它们，仍将在相当长时间内影响人们的价值观、偏好和行为，进而影响道德与法律制度，只有经过多次世代更替，才会被新的价值和制度元素替换。文化元素的替换快一些，两三代间即会大幅改观，本能则常常需要数十代才看得清楚。

但是，惯性并不简单对应着结构上的稳定。在很长的未来，人类大概都会继续拥有爱情和性嫉妒的本能，但由于婚姻已不再那么需要它们来维持，基于它们的情感需求在婚姻关系中也常常得不到满足，人们很可能找出其他关系来安放它们，比如在中世纪欧洲的贵族社会中，由于婚姻变成了政治和财产权交易，在当时的文化结构中，浪漫爱情很少被置于配偶关系之中。随着现代有限责任婚姻的兴起，婚姻与爱情的关系或许会更松散，从这一点看，当今寻求同性婚姻权利的运动，倒是颇有些保守主义的风范。

后记

就中国而言，未来对婚姻影响更大的因素可能是人口转型，人口压力的逐渐松弛，会降低社会竞争强度，继而改变人们的生活态度，于是男女特别是女性在做出婚姻决定（无论是择偶还是离婚）时，不再将对方的物质能力看得像以前那么重要，而会更多考虑情感因素。

于是婚姻的核心宗旨就变了，重心将从抚养儿女转移到夫妻情感，可是这样一来，婚姻就与同居关系没有根本区别了，原先将夫妻拴在一起的最重要纽带——孩子——不再像以前那么牢固有力了，尽管孩子的情感需要也会让离婚者有所顾忌，但毕竟不如物质条件那么不可或缺。

上述变化，我们很快会在刚刚开始跨入婚育年龄的 90 后一代中看到。

婚姻关系将变得越发单纯

2012-11-02,
No.4163

最近网上流传的一个段子，以一个娶了中国老婆的外国人口吻，对中国式的婚姻生活做了一番嘲讽，其中给人印象最深的一句是：娶了她就是娶了她全家，不仅父母被接过来一起住，七大姨八大姑的事情也都被扯进了二人世界，完全丧失了轻松自在、只属于两个人的私密空间。

类似情况在国内确实不少见，特别是乡村和小城市，发生在国外也可以想象。不过要说这情况有多典型多普遍，倒也不见得，依我看，这样的事情大概更多地发生在那些其生活处境因婚姻而有了大幅提升的情形中，但这种境况提升并不限于婚姻，无论事业发达、出人头地、升官发财，都可能改变你与家人亲属之间的关系。

所谓一人得道，鸡犬升天，按某些传统社会观念，你发达了，就背负上了帮助亲友改善处境的责任，而后者也会觉得可以心安理得地来沾一点光；而且这种帮助对施助者也颇有好处，当你刚刚进入一个陌生的社会阶层，需要寻找一些可以信赖和依靠的人，在需要时获得他们的援助和支持，无论是情感的、道义的还是财力人力和信息上的支持。

一个中国女孩嫁到美国并在那里站稳脚跟，虽算不上有多发达，但毕竟拥有了一个让她那些也想出国的亲友可以投靠的落脚点。假如她只是因为结婚才到了美国，那她就很可能在那里还没有一个可以依赖的社会关系网络，因而也非常迫切需要为自己构建这样一个关系网，而帮助亲友移居并立足是最自然的选择。

在当代美国年轻人看来，这种做法或许显得古怪甚至难以容忍，并让他们发出文化隔阂的感慨。这里确实有文化差异，但不是民族间或地区间的横向差异，而是一种纵向的时代差异，只要你从一个尚未完成现代化的传统社会娶来妻子，无论是菲律宾、印度还是肯尼亚，都很可能面临同样的问题。

实际上，作为一个移民国家，美国人的祖先就是这么过来的。当初从欧洲移居北美的英国人、爱尔兰人、德国人、意大利人、犹太人，都有投亲靠友的习惯，老移民也乐意为新移民提供帮助和安排落脚点。从移民到达美国后的迁移路线也可看出端倪，第一代移民通常先在波士顿、纽约等沿海港口大城市落脚，等适应了当地文化环境、建立了自己的关系网之后，从第二代开始便逐渐往内陆扩散。

那时的欧洲还是个传统社会，血缘、姻亲和同乡关系在社会生活中地位仍很优先，是安家立业和个人发展的重要依靠，当然，欧洲也有其独特性，相比其他文化，教会组织和教友关系起着更大的作用，不过在那个年代，教派分化和血缘与地域分支之间存在很大程度的重合，因而前者并不会对后者构成离心作用。

所以在对待亲属与同乡关系的态度上，并不存在多少横向的文化差异，这一点从相反的事例中也可以看出。当亲属同乡关系构成个人适应新处境的负资产时，人们常表现出嫌弃乡下亲戚的倾向，比如那些通过自我包装和精心钻营勉强挤入上层社会、对其新近取得的身份和地位尚缺乏安全感的人，就常常面临这样的局面，像“中国人更看重家族同乡关系”之类的简单说法，会让我们忽视或错误理解其背后的激励机制。

类似的，假如你即将去帮助的人，除了偶尔的聚会和问候之外，今后很少可能再跟你发生重要关系，不再构成你立足于其中的那个社会关系网的重要部分——在高度流动性的都市社会，这很可能是事实——那你就很难提得起精神去帮助他们，把他们的事情当成自己的。最初，或许处于文化惯性和社会压力，你可能仍会这么做，但随着这种做法日益稀少，它越来越不再是一种责任，而对方也越来越没有理由将其视为理所当然，习俗和文化的变迁便这样发生了。

这样的变迁，连同其他变化一起，将使得婚姻关系变得日益单纯。原本，一桩婚姻的缔结是两个家族的联合，即便在家族纽带比较松散的传统社会，至少也是包括双方父母兄弟在内的两个扩展家庭之间的紧密结合，亲家、婆媳、姑嫂、妯娌、连襟等关系都将从头建立起来，双方都将对方的关系网融入自己的网络，并成为其中至关重要的部分，这种情形下，离婚将是一次撕裂无数关系的大地震，因而很少发生。

今后的婚姻将不会再伴随着这样的关系网大融合了，这一变化是三个因素相互强化的反馈过程：预期依赖度的降低，让人们逐渐疏于发展姻亲关系；而由于这些关系发展程度较弱，离婚带来的震荡和损失降低了，从而提高了离婚率；而离婚率的提高又进而削弱了人们发展姻亲关系的兴趣，因为他们预料到这种关系可能长久不了，不值得投入太多资源和精力去建立，这反过来又降低了人们对姻亲关系的依赖以及离婚的代价。

传统婚姻关系所包含的种种社会关系和相应的义务，将日益从未来的婚姻中消失，婚姻将越来越只是两个人之间的事情，离婚也不再像过去那样让父母震惊和亲属愕然，他们将更平静淡然地接受这样的变化。当然，这并不是说姻亲之间的情感将荡然无存，但它将变成一种更加轻松、不包含相互间责任义务的普通友情关系，是个人随其喜好和性情而做出的选择，而不是由社会规范压合而成的联结。

后记

在社会组织向复杂化和大型化发展的历史上，姻亲关系曾起过关键作用。最初的人类社会都是由单系（父系或母系）血缘群体所组成，其中绝大多数是父系群。随着世代更替、血缘渐疏，此类单系群不断分支裂变，而且各裂变分支往往相互邻接，是竞争资源的直接对手，因而群体发展壮大很受阻碍。

姻亲关系恰好可以补偿这一缺陷，它让家庭有机会在本社群之外发展关系，找到盟友，在那些缺乏司法秩序、充斥着血仇循环、所有外人都是敌人的社会中，这种关系非常重要，特别是当你出门旅行或从事贸易时，途经之处缺少盟友庇护是极端危险的。持续的通婚关系，进而可以让若干群体建立合作联盟，在战争中相互支持。

群体中大人物通常更倾向于和其他群体的大人物结亲，反过来，建立广泛而友好的姻亲关系，也是个人提升和巩固权力的手段，长此以往，若干合作群体之间可能逐渐形成一个持续通婚的上层圈子，利用婚礼节庆等场合经常聚会，并发展出协调相互关系的规范，于是一个二级政治结构便诞生了。

婚恋障碍为城市化过程所难免

2012-08-24,
No.3700

七夕之际，一家职业信息网站“大谷打工网”发表了一份对上海年轻打工者婚恋状况的调查报告，基于对近两万份网络问卷的统计显示，年轻一代城市移民在婚恋问题上面临巨大困境，已成为这些青年的头号心理问题。寻找伴侣不容易，稳定关系更难，走到结婚这一步则更是障碍重重。据报告称，收入、住房、流动性、社交机会的缺乏，是构成婚恋障碍的主要原因。

网络问卷这种方法无疑有很大的样本偏向，23.6 岁的平均年龄也显示样本选择是偏向于婚龄人群的低龄一端的，这就夸大了单身比例。不过尽管有这些缺陷，报告看来还是反映了某些真实情况，与我们从其他渠道得到的印象也颇为吻合。在一个刚刚经历了高速城市化的社会出现这样的婚恋障碍，本不足为奇，而出现在上海这样房价奇高的大都市更是预料中事。

婚姻是一项长期关系，而且这一关系的紧密和利益相关程度极高，完全重塑了双方的生活。在人类主动缔结的各种关系中，没有比这更重大的了，因而双方在作出选择时自然会十分慎重，会尽可能多的去了解对方的情况，正是在这一点上，城市大社会的信息条件远不如传统乡村与城镇社会。对于成年后才来到城市的新移民，则条件更为不利，他们脱离了原有关系网，必须从头建立社会关系。

传统社会规模小，流动性也不大，亲戚邻里发小交往多，关系网通常只是个二到三度空间，同龄人之间相识和知根知底的机会很多，井然分明的社会等级更缩小了择偶空间，所以在作出择偶决定前，有充分的时间和机会了解候选对象；而且，传统婚姻父母做主的成分更大，婚姻常常是两个家族之间的事情，因而相互了解和磨合的时间就更加充分了，从孩子生下来便可开始，可能导致日后不和的因素在早期便可暴露。

城市大社会大幅扩展了个人的择偶空间，但它的流动性和关系松散性却压缩了对每个候选对象的了解机会，从而延长了择偶过程；在漫长的单身期中，为满足情感和生理需要，人们更多地建立短期和尝试性的关系，也以此作为相互了解磨合的方式，这一转变导致了对性与婚恋的观念与文化的变迁，进而，新的观念与文化又回过头来改变两性交往与择偶方式：在交往时更注重感情因素，对短期关系更多宽容与偏爱。

这种现实条件与观念文化的相互强化，最终导致了择偶策略的全面转变，从传统的充分了解、一锤定音、终生不渝，变为先通过短期关系了解磨合，同时捕捉更好的新机会，这样，当双方最终对长期关系拥有足够信心，并决定结婚特别是生孩子时，已经老大不小了。这也是为何在所有国家，城市化总是大幅推迟结婚和生育，降低生育率，提高离婚率和单身率，增加短期关系和堕胎的原因。

对于正在从传统向现代转型的社会，婚姻的另一个障碍是父母子女之间观念的冲突。两代人的择偶标准不同，年轻人接受了新的观念与文化，但父母常不愿意放弃干预，而子女出于财力上的需要，也因为文化上的惯性，可能不得不在一定程度上听从父母的要求，这样达成四方满意的安排就更加困难，严重的时候甚至造成原本不错的关系被生生破坏。

当新移民进入城市后，丧失了从小建立的大部分社会关系，不得不重新建立，此时他们将面临一个中国社会所特有的不利：缺少家庭和职业关系之外的民间组织和亚文化圈子。中国社会是长期以来就是高度扁平化的，缺乏中间结构，近代以来中央集权的强化和地方自治的瓦解，更强化了这一特征。

中古以来，在遭受多次灭佛打击之后，中国的佛教也变得越来越出世，很少再起到联络教友情感、为教众提供社会生活空间、建立和维持社会关系的作用；类似的，基于共同的价值认同的学会，共同兴趣爱好的俱乐部，共同理想和事业追求的公益慈善组织，共同利益诉求的协会行会，与庞大的人口相比，这些组织的数量少得可怜。

结果，原本由这些中间组织满足的需求和履行的社会功能，多半被抑制了，剩下少数也是由政治性机构和盈利性企业所代替。可是与主动参与的自发性组织相比，这些替代组织都远远不适合成为个人间社会交往的空间，比如同样是参加体育运动，通过自发组织的俱乐部你可能获得一群关系长期稳定的朋友，但是在健身馆，你出完了一身汗之后啥也没留下。

上述文化、制度和社会结构上的差异，使得中国乃至东方的年轻人在进入大城市后普遍变得比较宅，更容易沉溺于网络游戏和网络社区；网络交往虽然也能建立某些有价值的关系，但了解深度毕竟不如现实交往，更难以带来足以导向婚姻的熟识和亲密，相反，它可能让年轻人更习惯和满足于短期关系，更加拖延了婚姻的建立。

后记

本文提到的第一个问题，通俗说法是“选择太多反倒挑花了眼”，更精确的表述是：在传统社会，由于交往对象预先给定、充分了解且基本固定不变，因而择偶是一个完全信息条件下的一次性决定；而在流动性社会，候选配偶是在一段较长时间内陆续出现，过早或过晚决定都可能错过更好的选择。

研究决策论的数学家将此类问题称为“最优停止点（optimal stopping）”问题，其近似的最优策略是“37%法则”（0.37 ≈ 1/e），即，若预期会遇到 100 位候选配偶，那就放过前 37 位，然后从第 38 位开始，一旦出现条件优于前 37 位中条件最优者的候选配偶，就选定 TA 了；显然，后一种择偶决策会拖得更久，即便预期候选者只有 10 位，也要至少先交往 4 位后才下得了决心。

当然，这只是城市化普遍导致晚婚的诸多机理之一。

婚姻生意是怎么做的？

2014-07-06,
No.5234

常有人将合作办企业这样的长期商业伙伴关系比作婚姻，其实反过来说可能更贴切：婚姻即是一种合作投资，组建家庭就是创办合伙企业，若从投资和经营的角度，我们或许更容易看清各大文化中形形色色的婚姻模式和习俗规范，也能在这个社会条件剧烈变动的时代，更好地理解和适应婚姻关系的变迁。

核心产品

婚姻的核心产品自然是孩子，或许有人会质疑：家庭不是也创造了夫妻感情、性满足和安全感吗？这没错，可是一家汽车制造企业也会创造同事情谊、工作成就感、群体归属感，甚至孕育一支优秀的足球队，但这些都只能算副产品，汽车才是其核心产品。

所以一旦合作抚养孩子的需求不再迫切——这或是因为单身女性独力抚养孩子变得容易了，或是因为政府通过福利制度接管了大部分抚养责任——婚姻制度便很快开始瓦解，这正是过去四十年发生在欧美尤其是北欧国家的情况。

婚外生育的比例，在美国从1980年的18%上升到了2008年的40%，北欧已普遍超过55%，头胎更高达80%；同时期，美国的年度结婚率也相应地从15.9‰降至10.6‰，欧洲更已低至6.5‰，越来越多的人不再生活于婚姻之中。

由谁出资？

现代婚姻的投资者通常是夫妻双方，但传统婚姻情况更加多样，要看用于组建家庭和抚养孩子的关键资源掌握在谁手里，这些资源包括女性生育能力、生活资料、社会关系和安全条件，在家长权威和家族组织强大的社会，这些资源往往由家长控制，包括对女孩的人身控制。

此时家长才是投资者，交易发生在双方家长所代表的两个家族之间，也就是常说的包办婚姻（arranged marriage）。在包办婚姻中，夫妻的意志和能力并不重要，而且他们在这方面越弱小，家长越容易加以控制，所以包办婚姻常倾向于低龄化，童婚亦不少见。

而在家长控制较弱的个人主义社会，比如中世纪英格兰，婚姻更多是两位独立成年人之间的事情，尤其是男方，必须先在社会站稳脚跟，拥有一份产业和足以养家的稳定收入之后，才有机会娶妻成家；那些在长子继承制下无望继承主要家产也未能从父母那里得到足够现金资助的幼子们，往往要经历多年奋斗才能如愿。

许多没这能力的男性只能长期单身甚至终身未娶，或者干脆早早放弃努力遁入修道院；又因为单妻制，许多迟迟等不到合格夫君的女性，也只好保持单身或者做修女；倒是那些已经有份产业的寡妇颇受欢迎，特别是身为女继承人的寡妇，比如亨利二世就娶了比他大11岁的著名寡妇埃莉诺，后者作为长女继承了阿基坦公爵领地。

所以，当时英格兰和其他西北欧社会的晚婚、单身和不生育的比例，皆大大高出我们熟悉的东亚社会。

新部门还是新企业？

在现代社会，结婚意味着建立新家庭，也就是开办新企业，然而，这种被人类学家称为新居制（neolocal residence）的方式，在多数传统社会反倒是特例，结婚通常只是为既有大家庭增添了一个分支，相当于大公司投资建了新工厂。

多数情况下，新娘会搬进男方大家庭住，这叫从夫居（patrilocal residence），少数社会是从妻居（matrilocal residence），新郎搬进女方家庭住，比如亚利桑那的霍皮族（Hopi）印第安人和苏门答腊的米南佳保人（Minangkabau）。

新分支在若干年后会分离出来成为新企业，这段时间有多长，取决于家族组织的发达程度和家长的控制力：一个极端是年轻人一旦成年就离家自谋生路，另一个极端则是印度式联合家庭（Hindu joint family），只要最高直系长辈仍然在世，就不会分家，且大家长拥有绝对权威。

但更多情况处于两个极端之间，比如多数游牧社会，未婚者与父母同住，结婚后单独成家，这样，长辈家庭就像一个孵化器，帮助子女逐个离巢单飞，最终可能由小儿子留下赡养老人；更常见的是流行于意大利南方、爱尔兰和儒家文化圈中的三世同堂扩展家庭，老人尽可能延迟分家，直到晚辈间冲突不断加剧而自己日益衰老不再能加以控制时，才最终分家。

维持大家庭的努力和遭遇的困难，是生物学家所谓亲子冲突（parent–offspring conflict）的一种表现。大家庭可以在集约经营、社会关系和安全保障等方面获得合作收益，但长辈与晚辈之间存在利益冲突，长辈希望通过平衡子女间利益以追求总收益最大化，并尽量维持家长权威以便维持族内合作，而晚辈则尽可能从家族资源中为自己所在分支谋得最大份额。

这一冲突不仅涉及日常生活中的资源支配和分家时的财产分割，也体现在订婚时彩礼和嫁妆的议价过程中。彩礼有时是男方换取女方生育资源的对价，但也常常以嫁妆的形式重新成为投入新家庭的资本，所以，未婚夫常会私下怂恿女方抬高彩礼要价，以便从大家庭共同财产中为自己争得更大的一份。

谁做老板？

婚姻既是双方的人身结合，也需要投入财产、地位和关系等资源，然而人身条件匹配的双方，投资能力未必相称，所以在这项投资中，由哪方做老板，而哪方只是资源出售或出租者，可以存在许多种安排。

正如甲乙两人合作开饭店，甲拥有店铺，乙拥有厨艺，既可以由甲做老板雇佣乙做厨师，也可由乙做老板租用甲的店铺，或者甲乙各自以店铺和厨艺折合股本合股经营，这些安排还可以以各种形式混合搭配。婚姻投资安排中，同样存在类似的多样性。

有关企业所有权结构的一条经济学原理是[1]：处于控制风险之最佳地位的那一方，最可能成为老板。婚姻投资的核心风险是亲子关系不确定性，最关切这一风险的显然是男方，他有着最强烈的动机去控制该风险，所以男方最可能成为婚姻投资的出资人，也就是老板。换句话说，要说服男性对婚姻进行投资，最好让他做老板，让他能在控制亲子关系不确定性上取得主动。

所以最常见的投资安排，是男方支付彩礼（bride price），作为女方让渡新娘的对价，同时女方放弃对未来新家庭的干预权，而男方承诺向新家庭投入足够多资源。

对价如何支付？

彩礼通常以现金或实物支付，但如果男方太穷，也可能以劳动支付，这往往造成一种临时从妻居的假象。《旧约》中记载，雅各为娶到拉结，为岳父放了 14 年的羊；这种劳动彩礼（bride service）在古代玛雅和一些东非、亚马逊部落中颇为流行，多以三五年为限。

不过同为彩礼，其性质可以十分不同，通常女方会以嫁妆（dowry）形式返还一部分，作为对新建小家庭的资助，假如返还比例很高，那么索要彩礼的目的就不是为了获取对价，而是迫使男方从大家庭财产中分割出足够多的部分为小家庭提供物质基础，以确保新娘未来利益。

[1] 实际上这条原理是我在 2005 年的文章“谁做老板？这是个流动性问题”（No.663）里提出的，该文收录于《自私的皮球》第 20 章。

在各种文化中，嫁妆或多或少具有私房财产的性质，即新娘对它拥有排他的用益和支配权，甚至可以在离婚或改嫁时带走。这一排他性在多妻家庭中尤为重要，它也是新娘在夫权主导的家庭中少数个人权益之一。

上述将彩礼转变为嫁妆以确保新娘权益的安排，在中世纪西欧以寡妇产（dower）这一法律地位更明确的形式存在，比如新郎在婚前承诺将其名下不动产的 1/3 的用益权预留作新娘的寡妇产，以备其未来成为寡妇时生计有所保障。

假如女方只收彩礼不陪嫁妆，或陪嫁比例很低，那就是常说的卖女儿，许多穷人只能用女儿的彩礼收入为儿子们筹备彩礼。要是双方都太穷而备不起彩礼，倒是有个更简捷的办法：换亲，也就是交换女儿，当然，这种交易只有在双方都既有儿子又有女儿的条件下才能成立。

还有境况更糟糕的，连把女儿养到适婚年龄的资源都没有，此时，境况稍好的男方便可扮演天使投资人的角色，把穷人家养不起的女孩收养为童养媳，养大后再娶为媳妇，这跟埃及狒狒的做法有点像，雄性埃及狒狒成年后会伺机绑架邻近群体的幼年雌狒狒，先作为养女抚养，养大后再占为配偶。

与卖女儿相反的是高攀婚（hypergamy），即女方支付高额嫁妆以求将女儿嫁入地位较高的夫家，此类高攀婚发生在中国古代官宦与富商之间、近代军阀与企业家之间、当代户籍隔离制度下的城乡之间、印度种姓之间、不同教育程度之间、拿到美国绿卡的移民与老乡之间，等等。在过去几十年的印度尤为盛行，乃至有些地方出现非高攀不嫁的风气，导致不少女孩因家里筹不齐嫁妆而自杀的悲剧。

单边垄断还是双边垄断？

婚姻是具有垄断性的合营关系，单偶制是双边垄断（bilateral monopoly），多妻制和多夫制则是单边垄断；上面说过，婚姻投资的核心风险是亲子关系不确定，而关切这一风险的是男方，所以谋求垄断权的通常也是男方。多夫制是非常罕见的，而且通常共享妻子的都是亲兄弟，其共享与合作得到了亲缘选择（kin selection）的支持。

不过多妻制也有不同模式。一种是丈夫与每位妻子分别建立家户（household），每家拥有独立财产，分别抚养自己的孩子，此时丈夫就像投资并控股了多家独立企业一样；另一种是丈夫与所有妻子生活于单一家户中，共同经营，共享收入与家产。

通常，畜牧者倾向于多家户模式，因为畜产较容易分割，而放牧相比农耕也更少需要密切合作的大家庭，比如蒙古游牧社会，每位妻子和她的孩子生活在单独的帐幕里，拥有自己的畜群；而农耕者多倾向于单家户模式，因为农耕不仅涉及更多不可分割财产，也需要更多合作，这样的多妻家庭甚至不是独立家户，而只是更大的多代扩展家庭的一个分支，比如传统汉族社会，多妻家庭是生活在同一屋檐下的，只有在近代城市化之后，姨太太们才开始在城市独立成户。

有些社会则介于两者之间，比如农耕为主的马里多贡人

（Dogon），每位妻子有单独小茅屋，但耕作是共同进行的，收获后各妻室平分粮食；畜牧为主的坦桑尼亚达图加人（Datooga），每位妻子拥有独立畜群，自己抚养孩子，但妻子之间存在大量合作关系，包括一起干活，相互照顾孩子，等等。

多妻同居一户，尽管可以带来合作收益，但利益冲突和嫉妒也会带来高额成本。对非洲多妻制的研究发现一个有趣现象：双妻家庭的妻子间冲突成本最高（表现为孩子存活率、营养水平和发育状况等），当共夫妻子（co-wifes）多于三个时，冲突成本反而降低，合作收益开始显现，这很可能是因为两个妻子最容易相互使坏，比如伺机虐待对方孩子，甚至下毒；而更多妻子时则容易相互监督，使坏者难以下手。

或许正是为了控制此类冲突，传统汉族社会采用了妻妾制这一特殊的多妻制，让正妻拥有特权而将侧室置于服从地位。当然，更有效的控制还要倚赖婆婆的权威。

后记

婚姻是一桩交易，但它是一桩内容涵盖极广的长期一揽子契约交易，而不是一手交钱一手交货的一槌子买卖，正因此，人们才极力回避和掩饰其交易性质，“婚姻是一桩交易”这句大实话才那么容易让人光火，因为人们对待此类长期一揽子交易的方式，和对待一槌子买卖的方式截然不同，对于前者，他们更喜欢用富有感情色彩的词汇来称呼它。

这么做并不虚伪，因为此类交易确实会让参与者产生感情，也让交易所涵盖的各种活动带上感情色彩，正如长期（或终身）雇佣制下的雇主与雇员之间，封建契约之下的领主与附庸之间，学徒契约之下的师徒之间，多年制学校的师生之间，也都会产生感情，但所有这些关系的存在基础，无一不是交易需要。

人们之所以用如此特殊的态度对待此类交易，是因为它对双方的善意和信任有着特殊要求。漫长的契约履行期中，难免会发生各种纠纷冲突，面临各种背叛和越轨的诱惑，唯有足够的善意和信任才能将交易维持下去。

真的有过母系社会阶段吗？

2014-09-08,
No.5331

母系神话

基于意识形态而编写的官方历史教科书，曾在几代人中造成了对历史的大规模错误认知，比如许多人相信，历史上曾经有过一个普遍以奴隶制为社会经济基础的时代，甚而认为奴隶制是社会制度演变的必经阶段；许多人也相信，在开始近代化之前的两千多年里，中国始终是个封建社会。

这些认识，由于和已知历史事实悖谬得实在太远，在学界已没多少影响，如今虽还在流传，但也只是作为一种标签，用来展示其知识来源被局限于官方教科书而已。然而还有一个谬误，即便在学界，即便在知识来源没那么狭隘的人群中，仍有相当影响，那就是“母系阶段论”，即认为早期人类社会普遍采用从妻居（matrilocal residence）模式，按母系组成血缘群体。

事实上民族志调查显示，多数（3/4 以上）传统社会采用父系制——实行从夫居（patrilocal residence），并按父系组成血缘群体，并不存在“社会结构越简单原始，越可能采用母系制”的倾向，比如澳洲土著的社会形态相当原始，且与主要文明长期隔绝，但也都采用父系制；没有证据表明人类早期曾有过一个普遍采用母系制的阶段。

相反，压倒性的证据显示，在直到现代之前的整个人类历史上，父系制始终是主流和常态，母系制只是特殊条件下的例外；父系制的历史甚至可以追溯到人类与黑猩猩的共同祖先，因为黑猩猩、倭黑猩猩乃至亲缘更远的大猩猩都是从夫居的；除了民族志材料，对晚期南猿和尼安德特人的化石同位素分析也显示，这两个社会很可能都是从夫居的。

神话的由来

那么，这个母系神话是怎么来的，为何它比其他神话有着更持久的生命力？答案看来要从政治和意识形态上去找。

最初提出母系阶段论的是瑞士学者约翰·巴霍芬（Johann Bachofen），在1861年的一本书中，他根据从希腊神话和古代传说中收集的一些线索，比如亚马逊女战士和普遍存在的女性生殖崇拜，认为早期社会不仅是母系的，还是母权的；他还顺应维多利亚时代流行的社会进步观，提出了一种阶梯式社会进化理论，按女权男权的此消彼长，将社会史划分成了四个阶段。

巴霍芬的著作适时启发了正在研究亲属关系的美国人类学家路易斯·摩根（Lewis Morgan），由于摩根接触过的易洛魁社会恰好是母系制的，所以很快被巴氏的理论吸引，并与他建立了通信关系；此后在1877年出版的《古代社会》里，摩根很大程度上采纳了巴氏的观点，将他所了解的易洛魁母系制一般化为早期社会普遍经历的“母系氏族阶段”。

和巴霍芬相比，摩根是更严肃的人类学家，他做过一些田野调查（但不是对易洛魁），所用材料也更具实证价值，但他的系统性信息来源主要是语言学材料，从中推断婚姻与亲属制度的可信度并不高；最大的问题是，和那个时代喜欢构造宏大体系的博学家一样，他的阶梯式社会进化理论同样是以想当然的猜测为主。

摩根之所以认为存在一个母系阶段，是基于这样一种轻率推导：早期人类是乱交的，没有固定配偶关系，因而不知其父只知其母，也难以防止近亲交配，所以最初的血缘群体（即氏族或胞族）只能按母系组成，所以早期社会必定是母系制的。

这里存在两个误解：首先，防止一级近亲（兄妹、父女和母子）交配无须以固定配偶为前提，只需实行外婚制（exogamy）和从夫（或从妻）居即可，也就是遵循这样三条原则：不和与自己出生于同一群体的异性交配，性成熟后离开出生群体并加入其他群体，不与性伙伴的子女交配。许多动物正是通过这种方式避免近亲交配的。

第二个误解是：组成父系氏族无须以父子关系可辨认为前提，只需实行外婚制和从夫居、并且兄弟关系可辨认即可，比如从若干同母兄弟开始，每一代所有女儿都离开，并接纳来自其他群体的女性，便可确保群体男性成员始终拥有共同的父系祖先。实际上，黑猩猩正是通过这样的安排组成了父系群，尽管它们没有固定配偶，也不知有父。

巴霍芬和摩根所犯的另一个错误，是制造了母系制和母权制（matriarchy）的混淆，实际上两者没有他们所认为的固定联系或因果关系，大多数母系社会要么是平等主义的，要么是男权占优的，由男性充当酋长、族长或头人的角色。迄今没有任何社会被人类学家普遍承认是实行母权制的，尽管曾有个别社会被少数人类学家认定为母权社会。

当神话傍上大款

尽管有着这样根本性的理论缺陷，也得不到经验证据支持，摩根的理论却在社会科学界产生了极大影响，《古代社会》很长时间内被奉为婚姻和亲属关系领域的经典著作。这一地位的确立要归功于恩格斯，在整理马克思遗物时，恩格斯发现马克思就该书写了许多笔记，顿时如获至宝，迅速将自己的唯物史观揉进其中，于次年出版了《家庭、私有制和国家的起源》。

马、恩之所以青睐摩根理论，是因为后者很适合为他们空洞干枯的历史唯物主义添加血肉。历史唯物主义认为，人类社会注定会从原始状态开始，在阶级斗争推动下，经历一系列特定阶段，最终进入共产主义。摩根理论主要被用于描绘上述过程的第一步。

大意是：血亲关系和阶级关系是组织社会的两种相互排斥的力量，在原始状态，只有血缘而没有阶级，又因父子关系无从识别，所以原始社会必然是母系的。后来，男性为获得支配地位，合谋对女性加以控制，并建立父系家庭和父权，从而破坏了血缘氏族组织，同时家庭的出现导致了私有财产权建立，而为了维护家庭、父权和财产权，又建立了国家机器。最终，原本由血缘关系维持的社会，变成了一些阶级统治其他阶级的社会。

恩格斯的著作后来成了各共产主义国家的社会学红宝书，在西方左翼阵营中也颇有影响，而人类学和社会学界恰好又是左翼思想长期占主导地位的。和其他马列红宝书中空泛抽象的理论和宣传相比，这本书的内容更具实证色彩，看起来更有干货，因而其对观念的影响也更为深远。这一影响即便在马列意识形态失去吸引力之后，仍时常能感觉到。

但实际上，从恩格斯看到马克思笔记到他的书出版，中间只隔了一年多时间，根本做不了什么像样的研究，其中看似经验性的内容，其实都是凭空臆想。比如他认为父系家庭和男权的建立导致了财产权的诞生，但这两者之间的依赖关系既非逻辑上的必要，也没有经验支持，实际上财产权更多是和定居农业联系在一起，无论北美、非洲还是东南亚的母系社会，只要过定居生活，都有财产权。

除了马列导师，母系神话还傍上了另一个大款——女权运动，许多女权主义者热烈欢迎摩根和恩格斯的理论，特别是 20 世纪六七十年代的第二波女权浪潮——以著名考古学家马丽加·金芭塔丝（Marija Gimbutas）为代表——复兴了这套原本在学术界已被冷落的理论。女权运动的强大声势和它所取得的政治地位，延续着母系神话的寿命。

女权主义者青睐母系阶段论的理由或许是：假如漫长的前文明时代都是母系社会，那么母系制乃至母权制就可以说是更自然的、更符合人类“本性”的。

这种以“更接近原始形态”为由对某种制度或行为模式加以合理化的做法——常包裹在自然、纯真、天性等美妙词汇之下——世人早已耳熟能详，从衣食住行到教育医疗乃至“高贵野蛮人（noble savage）”的神话中都可看到；但稍稍推敲一下，便不难发现其背后的反文明和反进化逻辑：果若原始的就是好的，何不改回四足行走放弃语言文字回树上生活？

不乏女权主义者认识到上述合理化努力的反文明性质，也意识到母系神话对女权运动是个不必要的包袱，让她们的信念和主张建立在错误的历史认知之上。在 2001 年出版的《史前母权神话》一书中，文化史学家辛西娅·埃勒（Cynthia Eller）对母系神话渗透进女权运动的历史做了全面清理，并呼吁女权主义者抛弃这一包袱。

重新认识父系制

对有关母系和母权的种种谬见的清除工作所带来的一个额外好处是，可以让我们更好地认识父系制在人类发展史上所扮演的角色。恩格斯也曾提到，父系关系的发展确曾是推动社会进化的一大动力，可是他弄错了时间，而且错得很远，这一发展，远远早于他所认为的原始社会晚期，而是可以追溯到人类与黑猩猩的共同祖先。

在对黑猩猩的观察中，灵长类学家发现它们在两个关键方面和人类很像：一是战争行为，简·古道尔（Jane Goodall）和西田利贞（Nishida Toshisada）在各自研究中都发现，黑猩猩群体的雄性成员会组成巡逻队守卫领地，并在巡逻过程中伺机猎杀相邻黑猩猩群体中的落单个体或数量占下风的小团伙。

那些在战争中命运不济的群体，常在几十年内被逐渐消灭，或者在一次成功的偷袭中遭到毁灭性打击，这与人类学家在亚马孙丛林、新几内亚高地、吕宋山区、南部非洲的部落社会中见到的情形极为相似。实际上，这种由群体内雄性结伙对相邻同类发动经常性战争的行为，在前文明无国家社会中普遍存在，但在整个动物界却是极为罕见的。

第二个相似点是政治，弗兰斯·德瓦尔（Frans de Waal）发现，黑猩猩群体内雄性在争夺首领地位从而获取多数交配机会的过程中，会像人类那样施展马基雅维利式的政治伎俩，合纵连横尔虞我诈见风使舵。比如雄一号用各种甜头诱使雄三号合作阻止雄二号夺位，一旦雄一号显出颓势或二号实力提升，三号便伺机背叛与二号合谋篡位。

当然，由于缺乏语言和武器带给人类的强大交流、控制与组织手段，黑猩猩的战争和政治形态还非常原始简陋，但从整个灵长类乃至动物界看，黑猩猩已经朝着建立复杂社会的方向迈出了关键一步，这一步恰恰与父系关系的建立同时发生，而父系群体和战争与政治在动物界同样罕见，这强烈暗示着这一同时性并非巧合。

从亲缘选择的角度看，我们也有理由相信父系关系所起的作用，假如黑猩猩群体是母系的，其中成年雄性并非近亲，那他们就很难形成持久的合作关系来集体守卫领地和发动战争。争斗将以个体对个体而不是群体对群体的方式发生，因为一旦某方显现出优势，弱势一方的个体便可轻易转投优势方，这样，以群内合作为前提的群体间对抗便难以形成。

由于性选择导致两性在体型和体能上的显著差异——所谓“性二态”（sexual dimorphism），群体间对抗只能以雄性为主力，这要求雄性间能够达成合作，而除非得到亲缘关系的强化，这种合作难以持久。对此困难，一个明显的解决方案是建立父系合作群体，而通过采用从夫居模式（即成年雌性离开出生群体，雄性留在群内），黑猩猩找到了这个方案。

父系引擎的威力

基于父系亲缘的雄性联盟的建立，对此后人类社会的发展产生了深远影响；特别是当人类跨出了更重要的第二步——结成固定配偶关系、进而建立父系家族之后，社会结构便朝向日益复杂的方向发展。因为婚姻大幅提高了亲子关系确定性，让父系亲缘变得更明确更精细，从而有可能按亲缘远近建立多层次的父系家族组织。

同时，多层次结构带来了等级分化，后者以多偶制的形式强化了配偶竞争和性选择压力；又因为语言和武器将选择压力从个人身体禀赋转向了地位、财富、权力、组织控制能力等等制度性因素，因而使得性选择成了社会结构进化的一大动力。

上述机制，对照狒狒的情况或许可以看得更清楚。埃及狒狒（hamadryas baboon）在许多方面都非常像人，其社会形态甚至比黑猩猩更接近人类。它同样罕见地采用了从夫居和父系制，但比黑猩猩更进一步，它和人类一样建立了多偶制的固定配偶关系，因而也得以按亲缘远近建立了多达四个层次——大致相当于人类的家庭、氏族、游团（band）和部落——的复杂等级社会。

多层父系群的建立，使得埃及狒狒的雄性联盟极具战斗力，群体间常因争夺领地和支配地位而发生战争，有时战争场面相当壮观，在一英里开阔的战场上数百头雄性投入战斗；另外，雄性在控制配偶和下级时也表现得非常暴虐，这些情景，都很容易让人联想到人类社会。

埃及狒狒转向父系制，最初可能是为了构建雄性联盟以对抗非洲豹和斑鬣狗等危险捕食者，相比之下，其表亲狮尾狒狒（gelada）生活在捕食者难以到达的悬崖绝壁上，处境更安全，因而仍保留着母系制，也没有发展出多层次结构，雄性对待配偶更温和，群体间冲突也没有那么剧烈。

近年来越来越多的研究者——如劳伦斯·基利（Lawrence Keeley）和史蒂文·平克（Steven Pinker）——发现，整个人类史上，前国家社会都充斥着连绵不绝的暴力和战争，在这种环境下，群体的生存和壮大往往严重依赖于其战争能力，而在由血缘纽带维系的前国家社会，战争能力只能由父系男性联盟保障。

由此我们有理由相信，父系制在历史上始终居于主流，母系制只是例外。有些社会或许因为地处孤立隔绝环境（比如沙漠或小岛），冲突强度低，比如母系制的霍皮族（Hopi）印第安人，是著名的和平主义者；有些社会则因为选择了特殊生计模式而难以维系父系家族，比如摩梭人男性常年外出经营马帮，甚至无法维持稳定婚姻关系，与此相似的是苏门答腊的米南佳保族（Minangkabau），男性也普遍外出从事商业或手工业。

后记

雄性合作联盟在推动社会结构进化上的作用，可以通过对照几种不同的联盟组织形式而看得更清楚。一种是多层父系家族，这也是最“自然”的组织形式，是一种金字塔式的树形结构。前面我已提到，此类结构的规模和复杂度受限于因血缘渐疏而发生的周期性分支裂变，突破这一限制的一种途径是通过高层姻亲关系建立通婚联盟。

另一种组织形式，是在血缘群体内突破家族树结构而按年龄或辈分组成横向联合。在非洲和南美的一些部落社会，流行着两种按年龄段组织男性联盟的习俗，被人类学家分别称为年龄等级（age grade）和年龄组（age set），男性部落成员在达到规定年龄，经过某种类似于成人礼的资格审查或能力考验之后，加入相应年龄组。在年龄组中，个人一旦加入就终身归属于该组，而在年龄等级中，个人可凭其经历和表现而升至更高等级。

习俗为每个年龄组规定了其社会职能、特权、义务和行为规范，年龄组往往还作为战斗单位而在战争中共同行动。比如南非祖鲁族的军队便以年龄组为组织单位，类似模式在各班图语民族中普遍存在。

这是突破家族结构局限而实现社会组织大型化的一种努力，看起来卓有成效，但它仍然处于父系亲缘关系的框架之下。采用这一模式的部落社会，整体上仍是个父系群。同一年龄组的成员差不多是或远或近的 N 重堂兄弟，尽管在群体内突破了家族树的结构限制，父系亲缘仍是他们能够达成紧密合作的重要基础。

第四章

教育

对文化而言，教育是它将自身装载到新的个体头脑中的过程，借助这一过程，文化不断获得新载体，从而在一代代个体生死交替的同时得以存续下去，并在比个体寿命长得多的时间内保持连续性；在此意义上，教育就像磁带翻录机，让音乐跨越个体磁带而得以长存。当然，文化系统庞大而复杂，每一个体所装载的，只是其中一个堪以自成体系的子集。

而对于个人，教育则是习得一种语言和它所包含的知识，一套生活与社会技能，一组口味、偏好、价值观和伦理规范的过程；简言之，教育过程为个体安装了一套文化系统，就像为电脑裸机安装一套操作系统，从而将裸猿变成衣冠之猿，拥有在特定社会生存下去所需要的文化禀赋和社会能力，并具有一个完整而成熟的人格与意志。

在那些结构简单、文化朴陋的小型社会，教育和生长发育一样自然而顺利，一个人只要身心健全，并且不被隔离在日常社会生活之外，无须太多努力，便可顺利习得和别人差不多的文化，而即便他格外努力，也学不到太多超出普通水平的东西。

这是因为，我们裸猿并不真的像电脑裸机那么空白，而是内置了各种高度特化而有效率的学习机制，对生活所需的学习任务有着本能的饥渴和领悟力。因为人类物种已在类似条件下进化了数十万年，已经获得了针对这些学习任务的适应器，它们就像一个有待填充的知识框架，引导我们按某个时间表自发地学习。

最刻板的一种学习机制被动物行为学家称为“铭刻（imprint）”，

它们随个人成长过程而自动展开，有点像电脑首次启动时的参数配置过程；有些候鸟会在首次随长辈作夜间飞行时，记下当时的星图，此后一生便可用此星图为季节性迁徙作导航。人类很可能借助类似机制，我们在幼年时便学会了哪些东西可以吃，而哪些是有毒的、危险的。

当然并非所有学习都这么刻板，但许多学习过程背后或许都有着类似的机制，即我们本能地寻求某些知识，并懂得从何种情境中提取它们，也知道如何运用这些知识；最令人惊叹的是语言之习得，尽管语言非常复杂且变幻多端，其难度在成年人学习第二语言时都能体会，但只要在学习窗口期被适当暴露于母语环境中，每个健康孩子都能轻易学会。

然而，自从人类过上定居生活，组织起更大型社会，有了更精细的分工与合作，发展了需要各种专门知识和技能的农业、商业和制造业，进而创造出极为繁复庞杂的文化，这种自发的学习方式就无法满足所有需要了。许多技能和职业需要长时间的专门学习，并得到专家的传授和指点，往往还要在特定的教学设施和课业程序之中进行，这就要求教育必须成为一项专门事业。

文字的发明带来了新情况，越来越多的知识以文字形式被记录和传播，长距离通信交流也须以文字为媒介，大跨度贸易和行政更须凭借各种票据和文件才可能展开，同时文字也大大提升了知识的可积累性。前所未有的巨量知识被创造出来，并支撑起越来越复杂的技术和组织。简言之，整个文化系统中越来越大的部分，赖文字为介质而得以存在、散布和传承。

这就对基础教育提出了要求，掌握基本读写和算术技能，成了进一步学习其他知识和技能、从事某些职业的前提，因而成为个人赢得社会成功的一条重要途径。结果，在分工精细、文明发达的社会，接受基础教育的机会和成效，日益成为影响个人前途的重要因素。

文明时代的学习和教育向人类提出了巨大挑战，定居生活和精细分工的历史并不长，文字和算术的发明则更晚，我们或许还没有发展出有足够针对性的适应器，来帮助我们像学习语言那么容易学会它们；事实上，在读写、数学、逻辑和抽象理论的学习上，人们面临的障碍要大得多，许多人在经历了十几年全日制教育之后，仍然不善于读写和计算。

更糟糕的是，不少证据显示，我们的心智结构与某些学习任务恰恰是相抵触的，在因果关系推断上，在逻辑、概率和统计学问题上，在远离日常尺度的系统级问题上，我们的直觉往往是错多对少，错得很远且屡错不改，简直冥顽不化；这提示了，教育本身是一门需要研究和习得的技能，教育者需要找到一些方法，帮助人类学会他们原本不善于学习的东西。

教育让个人习得技能，从而在追求利益与成就时拥有优势，但这只是一方面。教育之于个人更深刻的影响是，它会改变他们对“什么是自己的利益，如何才算成功”的认识。通过教育，文化将风情时尚变成个人偏好，将习俗变成个人习惯，将传统变成个人价值观，将伦理规范变成个人道德情感。

偏好并非都天生就有，许多情趣爱好需要养成，并以习得某些体验能力为前提。味觉不经过各种食物的刺激和训练，就品味不出美酒佳肴的细微妙处；不会阅读，就感受不到小说的精彩；不了解有关典故，就体会不到许多幽默感；不熟悉历史，就难以被某些故事中的波澜、沧桑、沉重、悲壮所打动；缺乏道德情感，也就欣赏不了自由精神或侠风义骨。

离开这种种体验，生活将变得苍白乏味，人格不再那么丰厚饱满，生命因而也将不再那么有意义。人类同处一个世界，然而对个人有意义的，是头脑中那个观念世界（即波普所谓第二世界），而这个世界的规模、历史和丰富程度，取决于每个人的认识能力。一片杂草，对普通人只是杂草，在植物学家眼里，却是个极为丰富精彩的生态系统。

在文盲眼里，任何书籍不过是另一块纸砖，文字世界中的任何东西对他都不存在，历史只是迷雾深处隐约可见的一小片朦胧，或是来自戏曲评话中若干片段缺乏纵深的凌乱杂缀；传统乡村的多数居民，一辈子活动范围不过几十里，外加上一圈模糊不清的陌生地带，偶尔传来些遥远消息，便是他们的全部世界了。

正是教育延展了我们的感官，赋予我们文明时代才有的那些认知能力，从而在时间、空间、丰富性和结构层次等维度上拓展了我们所体验到的世界；让我们能够神游于古代社会，领略异国风情，欣赏蜂巢蚁穴中的精彩生活，赞叹细胞结构之巧妙。

更重要的是，它扩展了我们的选择空间和自由意志，让我们意识到原来生活还有这么多可能性，因为任何选项只有被认识才有意义。对于文盲，一家大书店并不比一堆复印纸提供更多选项，同样，对于那些被蒙昧牢牢禁锢在其生活轨道之中的人，世上种种他从未听闻也不能理解的艺术、娱乐、学问、生活方式、居住地、社会制度，都根本不是他的选项。

对待孩子，严厉还是宽松？

2014-06-29，
No.5224

随着 80 后一代逐渐成家立业、为人父母，有关教育的反思和讨论也热烈起来，越来越多的人对旧的教育方式表示不满，努力探索自己的方式，这些反思和探索，也推动了近年来的新教育实践，不过，尽管新一代对旧教育表现出颇为一致的反感，但对于理想的方式是什么，却充满着争议。

争议焦点之一是，是否或多大程度上可以使用严厉甚至惩罚性的方式。有些家长主张完全的宽容和接纳，反对惩罚，对责骂和体罚更是深恶痛绝；而另一些则认为有必要施加一些约束和规则，为此有时不得不使用较严厉的管束措施，甚至某些责罚手段，也许还包括体罚。

实际上，近代以来当人们对教育问题有了更多自觉之后，这样的争论始终存在。德国首相俾斯麦还观察到一个有趣现象：严厉与宽松会在代与代之间交替，在严厉父母的棍棒下长大的人，或许是因为自己的痛苦经历，会格外宽松地对待自己的孩子；而他们的孩子。或许认识到过于宽松也有其负面作用，转而严厉对待自己的孩子。果若如此，那也许表明了，无论哪种倾向，过于极端可能都有问题。

生物学家贾瑞德·戴蒙德在新几内亚丛林里做鸟类田野调查时，对当地土著生活有过数十年的第一手观察。在前年出版的《昨日之前的世界》一书中，他从这些观察中选择了 9 个主题，并结合其他 39 个小型前现代社会的人类学资料，展示了这些社会日常生活的某些侧面，作者希望它们对生活在现代社会的人们能有所借鉴和启示。

主题之一便是如何对待孩子，戴蒙德发现，不同社会的做法千差万别，中非的阿卡（Aka）族俾格米人采取完全放任主义，从不打骂孩子，也不约束或干预孩子的活动，数月大的婴儿摆弄利刃，几岁孩子去野兽出没的丛林中玩耍，都不会有人管。新几内亚的伊努（Enu）族人会看着孩子将手伸进火堆而无动于衷，结果人人身上都有几个儿时留下的烧伤疤痕。

在另一个极端，巴拉圭的阿契（Ach é ）族印第安人严格限制孩子行动，5 岁之前很少离开母亲身体一米以外。加纳的塔伦西人（Tallensi）会毫不迟疑地责罚犯错的孩子，常见方式是鞭打，而且社区内每个成年人都觉得自己有责任矫正所见到的儿童不当行为，无论犯错者是不是自己的孩子。

大致上，规模小、结构简单的狩猎采集社会奉行平等主义，对待孩子也最宽松，规模较大结构较复杂的农牧社会则管教更严厉，其中以畜牧者为最。更细致的比较可以发现影响管教宽严的几个常见因素：

首先是环境中常见危险的性质，像草原狩猎者面临的狮子、鬣狗、毒蛇之类危险，特征很明显，一旦出现会引起成年人的强烈反应，因而孩子耳濡目染之下很容易学会。亚马孙丛林中则充斥着难以识别却随时可能触及的有毒动植物，对这种被动危险物，既没有机会从成年人的反应中学会规避（因为被动危险物不会引出显著行为），也很少留给个体通过探索试错进行自我学习的机会，一旦犯错往往非死即残，不像玩弄刀具和火堆，后果虽痛苦，却顶多留下几个伤疤。

其次是有没有贵重财产可被破坏，狩猎采集者财产极少，仅限于可随身携带的物品，孩子玩火可能烧掉的，只是一间原本就会定期抛弃的简易茅屋。而农民孩子可能因玩火而烧掉贵重的住宅或谷仓，或者因疏忽而放跑牲口，从而危及全家生计乃至性命。

第三个因素是孩子在家庭中所承担的任务和相应责任。传统社会都会让稍大些的孩子参与一些生产活动，既可减轻家长负担，也可为今后独立生活训练技能。通常这样的工作是辅助性的，并不独立承担责任，但也有例外，特别是畜牧业者会经常让孩子独立照看和放牧牲口，而更常见的是让大孩子照顾弟妹。

一旦赋予孩子重大责任，就不可避免会在他们失职时施以惩戒，这一点在现代社会常表现为另一种形式：虎妈们对孩子抱有高而不切实际的期望，为此制订严格的培养计划，一旦孩子表现不合期望，便施以重罚，许多悲剧正是这样酿成。

最后一个因素是社会结构，越是大型、结构关系复杂、等级分化度高的社会，个人受其约束的社会规范就越繁杂，需要习得的社会技能也越多，为此家长需要种种方法让孩子意识到什么行为是不可接受或不受赞许的，即便它与危险或伤害之间的因果关系并不那么显而易见。因为社会规范背后的逻辑往往并不那么直白，连家长自己也未必领悟。

传统经验中或许没有多少可以照搬的做法，但确实可以给我们一些启示。极端放任主义的家长们，或许真的可以做到完全的宽容和接纳，但为了避免伤害，就要为孩子创造一个消除了全部危险的温室，也不让孩子承担任何任务和责任。但这样一来，孩子或许就失去了许多自我探索和试错的机会，失去了学会独自面对危险的机会，也失去了学习生活技能和学会承担责任的机会。

后记

传统社会的儿童死亡率很高，除疾病外，意外事故和伤害是重要因素。由于男孩更多参与探索性和冒险性活动，也更爱争吵打斗，事故死亡率远远高出女孩，所以，尽管出生性别比（即每 100 个女婴对应的男婴数）通常在 102–105 之间，但到了婚嫁年龄，男孩已经比女孩少了。实际上，出生性别比高于 100，正是自然选择偏爱平衡的婚龄性别比的结果。

现代化的后果之一是大幅降低了儿童意外死亡率，相应地也缩小了男孩女孩之间的意外死亡率差异，表现在统计上，当今发达国家的出生性别比不再被男孩的高死亡率拉平。比如美国，2000 年 0–4 岁性别比为 104.8，15–24 岁性别比为 105.3；而中国的对应数字是 119.1 和 104.4，很明显，中国男孩的意外死亡率仍大幅高出女孩。

带来这一变化的，很可能是现代教育模式。全日制学校教育将儿童全天候地置于封闭受控环境之中，处于身负法律责任的成年人监护之下，因而接触各种危险的机会远远少于过去。这一改变好处是带来了安全，坏处是限制了儿童自发探索世界的机会，不过这代价恐怕是现代父母不得不承受的，因为和一半孩子会在成年之前夭折的年代相比，他们对失去孩子这件事已经没有了心理承受能力。

为何高等教育在制造失业？

2013-12-29，
No.4861

社科院最近发表的一份报告显示，几年前就开始显露出来的大学毕业生就业困难依然没有缓解的迹象。今年毕业的大学生中，有17.6% 在毕业后两个月时仍未找到工作，随着毕业生人数的持续增长，这一情况看来至少还要维持三四年，直到毕业生开始下降才有望缓解。

这一困难，与总的就业状况是背道而驰的。总体上，劳动力市场从五六年前就开始进入了一个供给下降的阶段，年轻劳动力的供给萎缩尤为剧烈，随之而来的是，企业大面积用工荒，蓝领工人工资迅速提高，劳动密集型产业开始外移。

大学生就业与总体就业状况的反差，也体现在上述报告的另一项数据中：高级职业学校的学生，在毕业两个月后没找到工作的只有 8.1%，不到大学生的一半；这一反差实际上表明了，在大学生的职业期望和当前产业体系所提供的工作岗位之间存在巨大的错位，而这种错位很大程度上正是现有教育体系所造成的。教育经历一方面让学生对自我身份定位和未来职业生涯产生了不切实际的预期，同时也没有帮助他们获得当前市场真正需要的工作技能。

特别引人注目的是，这种不切实际的期望，不仅仅是甚至主要不是有关工资水平的。实际上，在许多情况下，蓝领岗位的工资已经大幅超出白领岗位，但多数大学生仍宁愿拿着两三千元的月薪，忍受高昂的物价和恶劣的生活条件，挤在大城市的群租房甚至地下室里，也不愿接受一份月薪五六千或者更高的蓝领工作，仅仅因为他们认为自己理所当然的已经成为一名白领。

每个人对自己的社会地位有个认知，除非这个地位已低得无法再低，他都会希望他人认可其地位，并竭力避免从这地位跌落。当跌落前景出现时，如何避免它就成了头等优先的大事，重要性甚至超过生命。许多人在破产、失业、事业失败、罪行丑闻败露后自杀，都是因为意识到自己的社会地位已经不保。

那么，为何普通高等教育会让学生对白领地位形成自我认知，而职业技术教育则很少有这样的效果呢？或许这与中国文化中的士大夫价值观和科举传统有关。士大夫历来是蔑视技术专长和专业价值的，而科举制不仅与这种价值观完全配合，还搭建了一部反专业化的社会地位爬升阶梯。这部阶梯在国家资源分配能力的作用下，在整个社会流动结构中取得了压倒性影响力。

所以，尽管传统中国社会的流动性很高，即便最贫困阶层的青年也有机会向上爬，但他们借以向上爬升的通道（至少在和平年代）只有科举一途（尽管在某些时代做太监也是条上升出路，但与科举相比，这条通道毕竟太狭窄），而凭借各种专业技术能力向上爬升的空间极为有限。许多王朝甚至通过将许多技术性职业列入贱籍而刻意堵死这些通道。

结果是形成了这样一种价值氛围，在其中，像厨师、木匠、技工、家政、护理这样的技术性职业，尽管收入可以很高，但在流行价值观中却被视为是卑下而缺乏吸引力的，不是一条可借以向上爬升的适当阶梯；而与之相应的后果是，在这些职业圈子的内部，也始终未能发展出一种丰厚的专业价值观，让从业者从中获得价值满足和自豪感，并以此吸引年轻入行者。

所谓专业价值观，就是从事某项专业、拥有相应技能、用这些技能作出好东西——这些活动本身带给从业者金钱和实物报酬之外的满足。这种价值观的形成，需要专业化分工的稳定存在，需要专业圈子内对产品和技能进行持续的比较、评价和讲述。通过师徒传承关系而形成传统和流派。这种文化要发育得比较丰厚，还需要一部分从业者成为专业的评论、研究和传播者。

比如餐饮行业要形成自己的价值观，不仅需要专业厨师，还要美食评论家去评论和传播他们的作品，要有历史学家去追溯烹饪技术的发展沿革和传承关系，要有食品和营养专家去研究各种食材，要有行业组织和专业刊物为知识和传统的积累提供交流和组织平台。

然而，或许是因为我们的文化有着排斥专业价值观的传统，或许是因为历史上就缺乏发育成熟的专业价值观，或许是因为缺乏专业领域发展自身组织和文化传统所需要的恰当环境。此类价值观的缺失是中国文化与西方文化的一个显著差异，这一点，在诸如维基词条编辑和开源代码贡献这样没有金钱回报的活动中，表现得最清楚。

很明显，职业学校和大学原本都可以参与这些发展过程，但实际上，国内的职业学校大都停留在技能培训，而缺乏向上发展的动力，而普通高校则多半对这些领域不屑一顾，视之为难登大雅之堂的市井杂学，难入象牙之塔的奇技淫巧。在前些年的学校合并升级改造浪潮中，许多学校甚至迫不及待地摆脱这些成分而把自己标榜成所谓综合性大学。

由政府设计和经营的公立教育与科研产业，实际上构造了一个由普通教育、大学教职、院士、核心期刊、诺贝尔奖等元素构成的现代科举系统以及相应的价值观。白领成了现代士大夫，那些宁可受穷也不愿放下架子从事蓝领职业的人，则成了现代范进。这个系统在未来将继续源源不断地创造失业。

对于现代范进们，更为不幸的是，当前产业结构的变化，正在消灭越来越多的白领岗位。在市场全球化和信息技术革命的推动下，许多产业已经和正在经历扁平化改造，比如在新型连锁企业对传统零售服务业、电子商务对实体零售店的替代过程中，企业层级结构变得高度扁平，大量中间层级被取消，而正是这些中间层级提供了大量白领岗位。

后记

在专业价值观上，中国和日本恰好处于两个极端。日本的匠人文化可谓专业价值观的典范，而在士大夫文化中，“匠人”是个贬义词。在日本，像AV业这种几乎在所有社会都会被视为不入流的行当，照样可以做得兢兢业业、一丝不苟，而在中国，即便那些戴着专家头衔，被认为很体面的行当，也普遍缺乏专业精神。如此强烈的反差，着实让人惊叹文化影响之深远。

造成这种反差的最明显原因，在于社会流动性的不同。古代日本贵族势力强大，等级森严，奈良时代虽一度模仿唐朝推行科举，但影响很小并很快荒废，百年内所取进士只有数十人。没有科举系统或周期性王朝更替所创造的社会流动性，各阶层只能安于由出身所给定的职业身份，长此以往，各阶层和行业便形成自己的传统和价值体系，个人在其中追求完善和提升。

匠人精神的一个要点是，少问“why”多问“how”，在追问链条上别走太远，及早接受某些使命为自己“分内”之事并努力将它做好，不花太多功夫去回答一连串追问以构建一套哲学说辞来合理化自己所遵循的道路。奉行这样一种生活和工作态度的民族，比较容易在上层价值取向被完全替换之后，迅速为自己重新找到“分内使命”，并以同样的专业精神去加以执行。

从学区房看教育市场

2013-03-01,
No.4573

国内富裕阶层向欧美移民的热潮持续高涨，甚至已对北美一些地方的房价产生了引人注目的影响。去年，在美国的外籍购房者中，中国人已成为仅次于加拿大人的第二大买家；近日还传出万科开始进入美国住宅市场的消息，据说也是以华人买家为重点发展对象。

许多人移民或者去美国买房，主要是为孩子考虑，希望他们得到好的教育，更希望他们能在一个良好的社会文化环境中成长和生活，远离那个让他们大为失望却又无力改变的环境。这样，他们在挑选房产时，自然会将所处学区的学校质量列为优先考虑。受传统影响，华人父母普遍很重视孩子教育，因而这方面尤为关切。

对于现代儿童，接受文化驯化而成为社会人，并确立自身人格的那个阶段，基本上都在学校度过。特别是政府推行的国民教育体系，很大程度上将孩子封闭在固定年限和统一模式的学校环境中之后，在希望孩子成为一个什么样的人这个重大问题上，家长所能做的选择也就只有择校了。即便那些在这点上不甚苛求，也没有特定期待的家长，也总会希望孩子不要成为某些样子，因而总是对孩子即将成长于其中的环境有所选择。

一所好学校的好处倒未必在于给孩子教了些什么，而更在于将什么样一群孩子聚在了一起，为这个孩子世界的自组织过程提供了一种外部条件，后者将影响从这一自组织过程中发展出何种价值取向和伦理规范，而这些将构成孩子们未来人格的一部分；有研究发现，在塑造个人秉性的环境因素中，同龄人的影响比家长更大。[1]

生活是个竞技场，而成长过程是在为未来社会生活做演练，因而孩子们总是善于为自己搭建模拟竞技场，在其中习得各种社会技能，寻找适合自己的生态位。孩子们也总是能善于找到让社会竞技得以展开的题材，然而不同的题材会导向不同的价值观和伦理，也为孩子提供着截然不同的生态位。正是在这一点上，同龄群体中的文化氛围得以施加影响。

假如高年级大孩子都在为离校后进入街头帮派并在其中占得优势地位做准备，那么与此相应的竞赛格局就会向下渗透到小孩子中，比谁打架更凶狠、谁能控制更多小弟、谁有大哥罩着，这些就会成为孩子们评估自身成就的价值标准，而帮派伦理就会主导孩子世界的互动关系和社会结构。

显然，只要可能，家长都会避开这样的学校以及孕育这种学校的社区。不过，尽管对哪些是避之唯恐不及的烂学校人们看法较为一致，但在何种学校才最理想这个问题上，看法却是五花八门，尤其是当涉及宗教、种族、东西文化差异和对待各种传统习俗的态度时，分歧更是难以调和。

---

[1] 有关成长过程中家长影响与同龄人影响的比较，参见马特·里德利（Matt Ridley）《先天、后天》（*Nature via Nurture*）第10章。

所以一个理想的教育体系应为家长保留充分的选择机会，并且让作为供方的学校和办学者对家长的意愿和选择能够自主做出反应，才能满足千差万别的教育需求。然而各国目前普遍施行的公立教育制度下，这样的选择机会却十分有限；在美国，尽管有不少私立学校，但选择私校意味着在交税之外额外又交了笔学费，只有富人才负担得起。

不过，相比中国的由行政当局全盘控制统一分配教育资源，美国的学区制留给家长的选择机会相对多一些，由于它的激励回路更短，对学校的激励约束效果也更直接。每个学区的学校经费由区内业主的房产税供养，低于最低标准的不足部分由州政府资助，而超出部分可由学区自主支配。对于这笔经费的使用，业主们保留了最终的决定权，至少在重大事项上。

正是这一自主支配的部分构成了激励条件，办得好的学校能为学区吸引来更多买房者，抬高房价，从而提高房产税并获得更多教育经费，学区甚至能说服业主们提高税率或发行债券来获得改进所需的资本；相比之下，中国家长虽也可通过购买房产获得进入好学校的机会，但既不能影响经费使用，也不能确信买房之后学校不搬走，因而这种选择机会远不如学区制可靠。

但是，与完全由私立学校组成的自由教育市场相比，学区制所提供的选择毕竟有限。首先，对那些房产税额低于最低标准的贫穷社区，激励机制完全失效，因为无论业主和家长评价如何，他们总能从州政府得到补贴，因而能够支配的经费是恒定的，与教学质量和学区口碑无关。

其次，学区制下虽让家长可以选择学校，但供方仍是政府办的国企，类似于电信业，国企间虽也有竞争，但创新意愿和能力皆远不如私企，不会去探索尝试各种可能的办学方式，更不会冒风险去试验一些只有少数家长认同的非主流教育理念。

后记

儿童在习得文化过程中的主动性常被严重低估，“他还太小，不可能理解这种事情，所以那不会对他有什么影响”。这种想法的谬误在于，影响根本不需要以被影响者的理解为前提，只需要他对特定信号作出特定反应即可。事实表明，儿童会主动捕捉各种关乎其未来生存条件的重要线索，并对之作出反应和调整。

这种反应从早期胚胎就开始了，假如胎儿“发现”母亲营养水平太差（比如血糖太低），就可能“认为”自己将出生在一个不景气时代，今后遭遇饥荒的几率较大，因而“决定”将自己的代谢系统调整得更倾向于囤积脂肪（而不是将能量轻易耗费在次要活动上）。这样可以让自己在未来可能遭遇的饥荒中更有机会生存下来，但因此他也就更容易肥胖。[1]

在第二章我曾提到，假如小女孩“发现”自己没有父亲，便会将自己的性生理和性心理系统调整得更偏向于短期关系，因为对于缺乏父亲保护和抚养的苦孩子，偏重短期关系的策略可能更有利。诸如此类的调整显然不是基于理解的，但正是成长过程中一系列这样的反应和调整，塑造了个体的人格、价值观和生活态度。（这种塑造当然不是任意的，因为遗传特性已经限定了个体如何调整和调整的范围）

[1] 参见贾瑞德·戴蒙德《昨日之前的世界》第11章。

教育本可更多彩

2012-04-20,
No.3432

近年来围绕教育的种种纷争逐渐增多，如对应试教育的不满，对课业负担和片面发展的担忧以及该不该考试和排名次，是该平均分配教育资源，还是按成绩或学费竞争重点学校？高考是该废除，还是要变得更公平？双语教育应从何时开始？为掌握普通话而丢失母语是否值得？甚至刚刚萌芽的民间教育也充满分歧：诵读儒家经典是否太过迂腐？家庭教育是否会让孩子缺乏伙伴？

这些争议并非中国特有，欧美社会长久以来同样争论不休，只是争议点不同：可不可以在课堂上讲特创论？该不该让孩子参与宗教仪式和阅读宗教经典？校园里是否可以穿戴宗教服饰？是否该强调成绩？并据此激励和筛选教师？课堂秩序是该严律还是放任？不同种族、文化和阶层的学生是该按比例搭配还是分开更好？

分歧和争议是正常的，一个日益富裕、价值日趋多元的社会，人们自然会有不同看法，特别是在教育这么重要而敏感的事情上。假如教育和其他服务领域一样开放而自由竞争，那么无论争议结果如何，家长们都可以找到自己合意的教育方式。

问题出在强制性的公立教育（compulsory public education），它把家长的个体选择强行转变成了公共选择问题。这样，纷争就必须得出一个单一的结果，那些在公共决策程序中败下阵来的家长们，就只好顺从别人的意见，听任单一教育政策的摆布了。

义务制公立教育也叫国民教育（national education），是近代产物，而教育之所以要由国家来办，据说是为了培养现代社会的合格公民。按倡导者的说法，现代公民社会需要每个公民的积极参与，为此他们需要具备必要的素质。这种说法貌似有理，但问题是一个开放的社会，怎么能接受某个机构为所有孩子设计一套统一的教育模式、教学大纲、教科书，灌输同一套价值观、信仰、神话和历史叙事呢？

一个思想和价值观高度同质化的社会，很容易被某种极端思想所煽动、裹挟和操纵；更危险的是，由国家经营的教育系统，强烈倾向于培养出激进民族主义和沙文主义的价值观，从而有可能在文化、民族、国家和地区之间制造对立和冲突。

回顾国民教育的历史，实际上，国民教育理念，最早就是极端专制主义者柏拉图在其《理想国》中提出的，而斯巴达人在他之前很久便已付诸实践；现代版本的国民教育，则是由近代军国主义的祖师爷之一，普鲁士的腓特烈大帝（Frederick the Great）于 18 世纪中期设计并实施。这套公立义务教育系统此后成为许多国家在近代化过程中的效仿样板，包括明治时期的日本。

所以，一个开放而多元化的教育产业，不仅可以满足家长们日益多样化的需求，更是维持社会开放和文化活力而不走向同质化和极端化的基础。二战以后，国际社会对战争根源从各方面做了深刻反思，却唯独没有反思国民教育，相反却把它写进了《世界人权宣言》，真是咄咄怪事。

家长们把孩子送进学校接受教育，其实有着十分不同的需求和考虑，其中最基本而普遍的，是为了让孩子习得在现代社会生活所需要的基本知识和技能：会算术，能读会写，了解些自然常识。这一层次上的需求差异不大，早期国民教育得以顺利推行，也正是利用了当时广大穷人在这方面的强烈需求。

其次，家长也希望给孩子找到一个生活并成长于其中的恰当文化环境，即最终成为什么样的人。这方面的需求差异就大了，有人希望孩子变得规规矩矩，有人则希望他保持活跃、开放、甚至调皮，也有人只是希望孩子快乐幸福、平平安安，何不让他们各得其所呢？

对于中等以上的教育，家长或许还希望孩子掌握某种有利于未来谋生的专业技能，这方面，国民教育的表现实在乏善可陈，其效果和投入的时间与费用相比，远远不如传统的实习制、学徒制、民间的商业性职业学校和企业为员工提供的专业培训。

其实，在专业知识和技能学习上，完全可能用工作和学习穿插交替的方式更有效。没有任何理由可以说明，在职业方向和专业兴趣尚未明了之前，为何固定年限的连续学校教育是更好的方式。一个人在真正进入社会，实际从事某个行当，并靠它来挣钱养家糊口之前，是很难找到自己的兴趣和特长的。这种情况下把孩子关在学校里，而他又不知道所学何用，恐怕只能磨灭他的好奇心，让他对学习丧失兴趣。

更糟糕的是，把大批不愿学习的孩子关进学校，将造成一种普遍厌学氛围，甚至以作学习好的乖乖孩为耻的文化取向，最终影响那些真正好学的孩子；那么，何不让他们先去找份工作，哪怕是没有薪酬的学徒，从工作中逐渐找到自己的兴趣和特长，然后发现需要学点什么，并自己去寻找适当的学校？这种学习方式完全可以伴随人的一生。

人为地、强制性地延长工作前的学校教育年限，不必要地造成了年轻人与社会的疏离和隔膜。这种隔膜在他们进入社会后，常需要很长时间和付出极大的代价来消除，同时，它也不必要地抬高了他们的初次就业期望，让他们觉得难以接受那些看起来不那么体面的低端职业，宁可失业、闲混、啃老，也不肯放下身架去辛苦工作。

而且，面对这样的消极处境，比起那些受教育较少的人，他们更容易将责任归诸社会，产生一种莫名其妙的“怀才不遇”情绪：你们花了这么大力气教育我，把我培养成才，却让我没有用武之地，难道还让我回家种田、上街摆摊不成？这种由国民教育所人为造就的虚幻期望和相应的挫折感，是许多社会现代化过程中的动荡因素，也是构成所谓中等收入陷阱的套索之一。

后记

如今，教育常被等同于学校教育，而后者又往往被国家垄断。结果，无论教育本身还是人们对它的认识和期待，都变得非常狭隘和刻板，种种改进的努力也被限制在既定模式框架之内，除此之外的无数可能性压根不在视野之中，更没有机会被探索和评估。

比如按年龄划分年级、组成班级，沿着全体适用的课程阶梯排队齐步走，果真是最佳模式吗？有许多理由让我怀疑。不同年龄混合编班或许更好，这更接近孩童世界的自然状态：兄弟姐妹和邻居玩伴都是不同年龄的，通常都是大孩子带小孩子玩。

当然，许多学习科目有严格的顺序要求，但同龄孩子的学习进度同样千差万别，这个问题只能通过打破统一节奏、让每个学生按自己进度推进的办法来解决。班级组织只需为那些不必按进度分班的活动而保留，其主要功能是为孩子们自我组织、创造自己的小社会提供一个空间。

实际上，儿童的社会技能和社会态度就是在这种自组织过程中自己学会的，成人很难进入儿童世界，因而无法以参与者的身份直接施加影响，但稍大些的兄长却可以，所以在社会性的学习上，兄长的影响远超出家长和老师。后者的影响只能通过改变环境条件而间接施加，努力让儿童自我组织起的小社会发展出一种良好文化。

正是在这一点上，混合班有很大潜力，因为混合班不会随部分学生毕业而解体，因而可以维持一种连贯的传统和文化。而通过解散那些形成了不良文化的班级，学校可以在不必掌握如何营造良性文化的情况下，通过不断筛选而持续改善学生的成长环境。

当然，这些设想未必行得通，但只有在一个更为自由开放的教育体制中，此类可能性才有机会得到尝试和评估。

替代教育有待走出边缘

2013-09-16,
No.4681

21 世纪教育研究院最近发表的一份研究报告，引来了对在家上学现象的许多关注。近年来，包括在家上学在内的各种替代教育（alternative education）实践正在迅速涌现，尽管总体规模还很小，但已经形成了一股不容忽视的潮流。对主流教育体制感到不满和绝望的众多家长和教育者，正在以极大的热情和执着在各自的方向上探索出路。

在许多人看来，体制内教育糟糕得令人难以容忍，而且正在变得越来越糟糕，在许多方面到了摧残孩子的程度。这样的认识至少在一些社会阶层和文化群体中已相当程度上成为共识；但另一方面，尽管不满，家长们却几乎没有其他选择，移民似乎成了摆脱这种教育的唯一出路（实际上这已成了一条很常见的移民动机）。

换句话说，尽管对新型教育的需求普遍而强烈，尽管对替代教育的种种探索也已持续多年，但这些探索迄今未能找到足以成为普通家长可行选项的替代品。在旺盛的需求与薄弱的供给之间存在着巨大的鸿沟，目前正在被实践的替代方式，要么难以让足够多家长信服，要么代价过于高昂而难以实行。而与此同时，原本被寄予希望的民办教育，却多半沦为了体制的追随者，在迎合应试教育方面，他们甚至常常比公立学校更加起劲。

替代教育的这一不如人意的局面，除了制度限制，在探索与实践者方面。似乎也不乏可以反思与改进之处；其中影响最显著的一点，或许可以称为“拓荒者效应”。作为第一批吃螃蟹者，过去十多年在体制外寻找教育出路的家长，大都是在几乎完全没有专业供给方帮助的情况下“徒手”探索的。

这么做既需要很大勇气，也要付出很高代价。许多家长为了能以自己的方式教育孩子，或为了找到合适的教育环境，常常放弃工作和事业，甚至举家搬迁，或带着孩子四处游学；所以，尽管希望脱离体制的家长很多，但真正能够鼓起勇气跨出这一步并坚持多年的，都不是普通人，他们的个性往往有着浓厚的理想主义色彩，也往往具有强烈的宗教情怀。

所以我们看到，目前较为流行的几种替代教育模式，全都具有宗教背景（假如我们在最宽泛的意义上使用宗教一词的话）：出于宗教原因而在家上学的基督徒，送孩子上私塾、国学堂和读经班的儒教徒，把大理变成新教育圣地的佛教徒和各式各样的灵性论者。而迄今最成气候的替代教育模式华德福，作为其思想基础的所谓“人智学”，其实也是一种新宗教。

宗教背景本身对教育事业并不是问题，宗教在很长历史中都是教育的主要载体。在西方，教会也曾是教育的最大赞助者，但新皈依者所特有的理想主义和偏激气质，在为他们的探索实践提供勇气和毅力的同时，却也构成了一些障碍，特别是他们对科学方法和商业化的疏离、冷淡甚至抵制。

许多家长和教育者单纯强调天性、爱、自由、接纳等抽象而笼统的观念，而疏于为他们的理念寻找一套含义具体明确、可操作、其成效可在实践中得到检验的教育方法。有些人甚至对刻意寻求教育方法表示反感，认为那会妨碍孩子天性的自由发展；许多人也反对划分科目和设置课程以及按特定阶段顺序推进的教学程序，因为这些东西会让他们联想起传统主流教育，因而产生条件反射式的反感。

实际上，即便他们愿意这么做，也会因为缺乏可以依靠的研究资源，或者难以与之形成互动关系，而得不到必要的学术支持。理想情况下，我们本可期望，教育实践的探索会从发展心理学、认知科学和学习理论等相关学科成果中得到启发，他们的实践经验也会被反馈到这些学科中；而诸如教育学之类关系更直接的应用学科，则会借助恰当的概念体系、启发式模型和统计手段，将这些经验转变成具有普遍意义和借鉴价值的科学事实，而不仅仅停留在零散的个体经验和小圈子内流传的朴素知识甚至只是逸闻的状态。

未经科学方法加工的个体经验和朴素知识是高度情境依赖的，很难脱离特定情境而被当事者以外的其他人利用，因而也难以有效地积累、传播和组合；所以，一个实践领域若没有相应的学术支持，就无法建立起一个由经验与理论之间的递归反馈过程所构成的自我积累和自我优化的知识体系。所有新人几乎都要从头摸索，从流传的朴素知识和师徒相授中得到的帮助很少，而他们的探索路径也是随机漫游式的，而不是在理论指导下的启发式搜索。

当然，假如有一个大规模市场体系，其淘汰机制或许能帮助我们找到好的模式和方法，但即便如此，在缺乏科学方法的情况下，市场选择在上千年里取得的进展，可能还比不上引入了科学方法的市场在几十年内的发展程度。况且我们现在根本没有看到这样的市场，替代教育的生存空间被体制压制得极为狭小。

然而，即便这个狭小空间也并未被探索者充分利用，而这很可能与他们的理想主义气质所带来的另一个倾向——远离商业化有关；很少有人将替代教育作为一门生意去做，去探索一种在财务上可自我维持和自我积累的可行商业模式，更多人将此当作自助和互助，或者慈善和公益事业。

结果是，除了国内学生很难进入的国际学校之外，替代教育实践者所办学校极少有成规模的。学校当然不是越大越好，但实在太小就会面临许多无法克服的困难，许多需要靠规模来摊薄成本的教育条件就无法利用。比如百人以下的学校就不大可能有足球场，30人以下就很难组织体育竞技，再小的话，就很难给同年龄段孩子单独开课了，需要昂贵设备和教具的教室也不可能配置。更重要的是，如果可以相处的同龄孩子太少，他们的成长过程中就会缺乏原本应有的某些社会关系和社会经历，类似于独生子、孤儿或从小就不上学而被家长带在大人世界里的孩子所缺乏的那些东西。

规模太小当然主要是因为制度限制，而且在风险很高且制度前景不明朗的情况下，也很难说服投资者进入，但无论如何，将一所稍具规模的民办小学办得不那么像体制内学校，至少放弃广受诟病的应试目标和原始野蛮的灌输，改变最具压制性和伤害性的管教方式，总是存在一些空间的，但实际上很少有人朝这个方向尝试；或许这种部分改良会被视为妥协，而这与理想主义是格格不入的。

不过，尽管有着种种问题，尽管发展状况还很不如人意，但毕竟这些早期实践者已经迈出了第一步，为后人开拓了许多道路，也建立了一些滩头阵地。这些成就，连同他们的故事的传播，会让后来者的抉择不再那么艰难，也不再显得那么另类，因而逐渐会吸引来一些具有不同气质的参与者。

如同所有变革运动一样，在第一代先锋凭借理想和勇气完成拓荒之后，第二代参与者通常会更加温和与务实，更能平静而同情地看待与自己不同的理念和做法，包括他志在改造的旧体系。这样，他们也将更有意愿和机会去利用主流社会的资源来推进自己的事业，尤其是来自主流科学界的学术资源和主流市场的商业资源，到那时，他们方能从目前的边缘地位走出来，成为普通家长也可轻松做出的选择。

后记

我自己缺少宗教情感，过于强烈的宗教气质有时甚至让我有点讨厌，不过每当冷静下来考虑这一点，我体会到的更多是同情和敬佩。宗教所带来的激情和执着，确实推动人们完成了许多非如此可能不会有人去做的伟大事业，当然前提是那不是一种坏宗教。

许多历史学家都同意，在建立美国社会（连同她的传统和文化）的过程中，清教徒精神曾起过关键作用，洛克菲勒便是其中杰出代表。这位虔诚得有些偏执的浸礼会教徒，将绝大部分财产都奉献于慈善和公益事业，一手创建了美国的现代医学教育体系（与此相比，创办芝加哥大学只能算小试牛刀）。

有人可能会怀疑，宗教激情会让新教育实践者排斥科学方法，固守于某些信条和教育模式。一开始可能会有这样的问题，但只要市场是开放的，初期的理想主义者在完成拓荒之后，就会逐渐被更为灵活务实的实用主义者所取代，转向更贴近现实需求、其成效更可能被验证的模式。

洛克菲勒是极好的例子，他创建的芝加哥大学非但没有多少宗教色彩，还成了进步改良派的阵地，参与筹建的约翰·杜威（John Dewey）更是力主将宗教信仰排除出教育体系的改革先锋；更有意思的是，洛克菲勒本人终身信奉传统草药和顺势疗法，对现代医学没有好感，捐建医学院只是出于朴素慈善理念，长期为其服务的私人医生也是个敌视现代医学的旧郎中。但因为洛克菲勒是个注重实效的企业家，所以当现代医学在消灭传染病方面表现出卓越成效时，他便放弃个人偏见而给予大力支持。

第五章

传统

人们做各种事情——思考、说话、工作、解决问题、与人交往，或安排生活的方式，常常会形成固定的模式，并随世代交替而一代代传下去。这些固定套路，在个人叫习惯，在群体叫习俗，在技艺叫门道，在器物或艺术叫风格，在语言叫口音或腔调，在思想叫流派，笼统的，都被称为传统，它们构成了文化的主要内容。

传统得以形成和延续，得益于我们在行动时所固有的保守倾向，尽管人类已经是头脑最开放，心思最活络，最具好奇心和探索精神的动物，却仍无法摆脱这一倾向，因为保守性是生命的基本特征：每一代相当精确地复制上一代，生命的有序结构才得以维持，过高变异率会摧毁任何结构。这一点对文化同样成立，尽管两者所能容忍的临界变异率可能十分不同。

其一，保守性之所以不可或缺，是因为我们在做多数事情时，面临的选择实在太多，而其中只有极少数是可行的，随机改变而得到可行方案的希望极小，获得改进的机会则更为渺茫。所以一旦你有幸找到一种可行方法，最合理的做法就是牢牢记住它并不断加以重复，不要轻易试探其他可能性，除非错误代价很小。

比如种稻，假设播种时间、育秧天数和灌溉次数分别有 20 种、10 种和 3 种选择，每次灌溉的时间有 5 种选择，那么种植者一共就有 4 万多种选择组合，其中或许只有几百种能带来正常收获。此时假如你已找到一种可行组合，尽管可以指望还存在可成倍提高产量的其他组合，试探仍是不合算的：以万分之几的几率获得数倍产量，代价是以 99% 的几率丧失整季收获；更何况像水稻种植这样的事情，可选参数实际上比这多得多，其组合将是天文数字。

有人可能会问，既然因探索而得益的机会这么小，那么诸如种植水稻的正确方法之类知识最初是怎么获得的？难道不是探索的结果吗？答案之一是达尔文式的：探索的代价确实很高，经常是丢失生命或繁殖机会，但有时生物必须承担这种代价去解决面临的问题。那些没找到解决方案的个体都没留下后代，而我们的历代祖先有幸都找到了，这正是我们存在于世的前提。

其二，获取和背离一种方法的代价是不对称的，因为方法的发现可能改变了成本收益曲线。当我们祖先最初探索谷物种植方法时，以狩猎采集为生，利用闲暇尝试种植，权当消遣，成败无关痛痒，可一旦找到好方法后，谷物便会养活更多人口，越来越多人将生计建立在此之上，不适宜狩猎采集但适宜种植的地方也有了居民，此时种植失败便是灾难了。

其三，许多创新不是有意探索的结果，而是无心之获，可能是一时疏忽差错，或意外干扰，或模仿学习中的误解，或不具备照搬条件时的姑且凑合。这些偏离的后果多半是中性或恶性的，所以生活总是充满失败、灾难、死亡和灭绝，但也有个别偏离得到了好结果，于是有了改良和进步。

保守倾向的另一个理由是，一种方法的长期沿袭，会降低继续使用它的成本，而提高更换它的代价。因为随着该方法的持续反复使用，围绕它的知识、工具、技能、设施等资源会积累并特化，同一条路走多了，会被踩得更平，沿路陷阱和危险会被发现并记住，重要路标被识别和命名，歇脚点被开辟和修缮，通往它的分支小路也纷纷被踩了出来。此时，弃之另辟他途的机会成本，就比当初选另一条路要高得多，于是路径选择便被锁入了传统之中。

保守性也引出了我们的另一种倾向——将某些已知可行的方法、策略或原则视为无须考虑而应加以遵行的，是无须其他理由支持而本身有其价值的：起初用果木烤鸭、用橡木制酒桶，只是因为它们方便合用，因循日久，果木烤制和橡木桶储装本身被赋予了价值；如此将工具价值当作终极价值对待，就指导行为的效果而言，起初是完全等价的，可是当情况变化，比如发现了被证明更好的方法时，这种将手段价值化的保守倾向，有时会成为改进的障碍。

不过，此类妨碍与另一种情况常纠缠在一起，颇难区分：策略的价值化，也是防止疏忽大意、偷工减料、欺诈蒙骗等机会主义行为的二阶策略。特别是当我们旨在保守的，是一种与人合作交往（而非独自做事）的策略时，往往会面临牺牲长期利益而谋取短期利益的诱惑，而策略的价值化可以帮助我们抵御这种诱惑：假如我将诚实守信本身视为值得追求的价值，是我人格中值得珍视的部分，而不只是追求长期利益的手段，我就能更好地抵御机会主义。

除了我们固守已知可行方法的保守倾向之外，传统之牢固性还得到了另一种力量的强化，经济学家称之为网络效应，意思是有些做事方法，只有当别人也采用它时，才是可行的或有优势的，而且采用者越多，优势越大。许多事情都是如此，比如消费规模不足以支撑全日制零售业的地方，商家必须决定哪些日子出摊，某一选择采纳者越多，效果就越好。

此类抉择被称为协调博弈（coordination game）。经验表明，当存在这样的协调需要时，无须中央权威统一指挥，只须借助一些细微线索，或者最初的微小差异，参与者通常很快便可自发达成一致。比如某座庙每月初一十五香客较多，且庙前空地适合摆摊，一些商户便选择这两天在庙前出摊，于是吸引一些买家在这两天去庙里，然后更多商户发现该选择的好处……集日便产生了。

像集日之类由协调博弈而产生的一致选择，被称为聚点（focal point）[1]，大量习俗和传统皆由这一机制所生成；聚点一旦形成，其地位就会被上面提到的资源特化所加强，起初难分伯仲的其他选项被迅速排除于考虑之外，此时改变就很难发生了。因为要改就得大家一起改，要让系统从一个聚点转到另一个聚点，后者需要在其他方面展现出巨大优势来弥补其在网络效应和特化资源上的不足。

传统之牢固性，也因其系统性而难以撼动，各种习俗并非孤立存在，而是以错综复杂的方式相互依赖而构成一个体系，因为对于个人，每项选择都限制了他在其他事情上的选择余地。选择一个职业，很大程度上就限定了居住位置、交往圈子、作息安排，甚至娱乐内容、穿着风格和说话腔调也被限定了。

同样，对于群体，每项习俗的存在都将改变其他习俗出现的可能。在婚姻关系不稳定，离婚和单亲家庭普遍的地方，不大会有大额彩礼和贞操习俗；缺乏贞操习俗的地方，就不会有缠足或蒙面头

[1] 聚点又称谢林点（Schelling point），由经济学家托马斯·谢林（Thomas Schelling）于1960年在《冲突的策略》一书中提出。

巾之类的习俗；在婆婆权威牢固或有着其他闺禁习俗的地方，就不会有女性割礼这么残酷的贞操控制方式。

文化系统的这一紧密耦合特征，在传统乡村社会比在现代城市社会更为显著。它将指导生活各个侧面的诸多传统紧紧捆绑在一起，个人很难取此而舍彼，即便是那些最有能力把握自己命运的人，也只能在极为有限的几种一揽子套餐中做出选择。

过年习俗的未来[1]

2012-01-13,
No.2442

春节最壮观之处，便是那惊世骇俗的人肉大挪移了，但这只是宏观景象，对个人来说，过年不仅仅是往返奔波，它也是每年一度的高密度社交活动。走亲访友、故友重聚和各种圈子的聚会欢宴，相亲，参加婚礼，所以年夜饭虽只有一顿，但饭局却可能会吃上十好几顿。人们借此机会重新确认各种人际关系，或建立新的关系，包括个人之间、家庭之间，或圈子之内的。

对于在外做事的年轻人，过年更多了一层含义：这是他向家乡社区展示其身份、事业成就、人格形象和文化面貌的一次良机，通过穿着打扮、举止谈吐、消费方式，乃至新车“肾六”，传递出诸如：我长大了、学会做人了、出息了、有志气了，阔了、当老板了，有文化了、有品位了、是城里人了等信号。这一过程将帮助他在家族和社区内取得身份、确立位置、赢得尊重。

当然，人们平时也一直在这么做，但春节是这些活动最密集的场合，短短十几天承担了上述社会功能的极大份额，因而也是注重

[1] 在过年这个主题上，我还写过另外几篇文章，串起来读可能更便于理解：“用工荒还要持续多久？”(No.1608)，“春运压力不会因城市定居而减轻”(No.2344)，“从过年恐惧看文化冲突”（No.4979），最后一篇收录于本书第 8 章。

这些功能的人们对之最为敏感和认真的场合；这已成为一项极为牢固的习俗，用博弈论术语说，它是一个由协调博弈所产生的稳固的聚点，即众人都不约而同地选择在这个时间（春节）和地点（家乡）从事这些活动。

若没有达致这样的协调，这些社会活动的效率就没那么高：你想去亲戚家做客，人家却没空；你想和一个老圈子重聚，却很难凑齐人；你衣着光鲜、谈吐不俗、开着新车，想招摇一下，却没引起几个人注意；大家都在各忙各的，自然很没趣。正是传统节日这样的聚点，提供了一个高效率调整社会关系的机会。

这是一种典型的自发秩序，幸运的是，人类在许多事情上都能达致协调。比如向被分隔在两个房间的两个人分别出示十张卡片，每张卡片由图案区分，让他们各选一张，假如两人选的一样就都有奖励，此时得奖的机会显然很低。但假如十张卡片里只有一张是红色的，绝大多数参与者都能赢得奖励；即便更微弱的线索也有助于协调成功，比如十张卡片从 1 到 10 编号，大概很多人都会选 1 号。

协调成功的一个基本前提是参与者都相信其他参与者有着和自己差不多的思考方式、知识背景和动机：都想赢得奖励、都会将颜色视为惹人注目的线索，都认为 1 是比 6 更特别的数字，等等。帮助达致协调的共同背景中，有些是普世的，比如人们都相信冷了会抖，乐了会笑，馋了会流口水，但很多（或许更多）是基于共同的传统和文化背景。

文化为参与者提供了比普遍人性更丰富的信息背景，帮助他们识别那些容易引起共鸣的协调线索。比如问纽约人：假如和人约会又忘了约定的具体地点，会去哪里赴约？得到的答案多半是中央车站，但要是问一个非纽约人，他恐怕就茫然失措了。同样，假如一个外国债主来传统中国讨债，大概也不容易猜到年关是最佳时机（因为一个人假如在春节还流落在外躲债，其声誉损失将是最高的，此时有关他落魄和欠债不还的坏名声将获得最佳传播机会）。

文化不仅为协调创造了条件，其本身（部分的）也是协调的结果，那些由长期重复发生的、涉及整个社区的协调博弈所形成的聚点以习俗的形式积累下来，构成了我们的传统；而来自过去的传统会在何种程度上以何种方式延续下去，将取决于生活形态和社会关系结构的变迁：核心家庭与大家庭的关系将如何变化？已定居外地的个人是否仍在意且可能在家乡社区确立其身份和地位？那些源自家乡的社会关系是否仍在个人关系结构中占据重要地位？

第一个方面在可见未来大概不会有多少变化，巨变已经发生过了。几世同堂的大家族早已瓦解，子女组建的核心家庭多半与父母分住，眼下的春节家庭团聚大致发生在父母家庭与子女核心家庭所构成的扩展家庭之内，而较少发生在更大范围内；在现有扩展家庭范围内，春节团聚的意愿仍十分强烈，看不到弱化的趋势，只是团聚的地点选择可能会变得更灵活。

后两个方面则正在迅速改变，并将随城市化的深入而继续改变。相对于传统社会，现代城市生活中，个人所面临的文化环境更为层次化和多面化，家族的、同学的、邻里的、工作的、各种兴趣圈子的，在这些侧面所面对的文化传统和建立的人际关系，相互之间往往是高度隔离的，不像传统社会把它们都捆绑在一个体系之中，要么进入，如鱼得水，要么退出，孤家寡人。相反，在现代城市社会，个人可以很灵活地分别处理各方面的关系，并赋予不同的权重，从而构成自己独特的生活形态。

显然，这些不同侧面的关系所对应的社会活动，并不会恰好与某个共同的地点联系在一起，而在传统社会，它们恰恰被与“家乡”这个地点捆绑在一起；所以，一个35岁才离开家乡的、因而其主要社会关系结构已在那里建构完毕的人，是很难舍弃春节这样的机会来重新确认这些关系的，除非他在那里混得很差，想逃避。

相反，一个在青春期尚未结束便离开家乡，随后在大学、职场和繁华多样的都市生活中建立了各方面关系的人，家乡只是个遥远的回忆，可能很美好，但并不是他如鱼得水的地方，不是他确立其身份和地位的地方，不是他生活和价值重心所在，随着城市化深入，这样的人显然会越来越多。

同时，随着家庭成员居住分离度的上升，家乡甚至将不再是多数亲戚长辈的居住地；家乡因而不再是过年地点的必然选择。“回家”将越来越多地成为过年的唯一理由，其地点将变得更随机，或许只是大家庭中拥有最大房子的那个核心家庭。

后记

春节期间的人口大流动，最生动地展现了一个正在由传统向现代转变的社会所特有的面貌。在传统小社会，这样的流动只发生在少数群体身上，比如行商贩夫、运输业者、游动服务的工匠或理发师、跑码头的戏班子和说书艺人。而对于绝大多数人，过年时所在的地方，见到的人，交往的对象，都和平时没多大差别。

而在一个两三代之前便已完成城市化的社会，个人成长、上学和工作生活的地方往往不是同一个，家庭成员也很可能不在一个城市，像春节（或感恩节）的重点是家庭团聚，而不是高密集社交。在节日，个人反倒是从平时的社交网中临时脱离了出来。

只有在城市化正在进行而尚未完成的社会，大量人口新近进入城市，但其大部分关系纽带——亲属、发小、邻居、同学——仍以家乡为汇聚点，而且这些社会资源仍在个人生活——诸如择偶、找工作、借钱、寻求合作伙伴、价值认同和情感支持中占据重要地位，才会在春节形成方向性高度明确的回乡潮。

四五年前曾听一位打工仔说，他那年春节在老家一共参加了十几场婚礼，红包送到肉痛，这样的事情，恐怕只有在目前这个特殊阶段才会见到。

天灾与社会[1]

2008-05-28,
No.401

灾难中的社会心理

像大地震这样的突发灾难，对人们造成巨大的心理打击，其程度仅仅用死伤人数和财产损失数额是难以衡量的。中国每年大约有10万人死于交通事故[2]，人数超过过去30年的任何一次自然灾害，但是突发性自然灾难带给人们的惊恐、痛苦和绝望，却远远超过交通事故。

我们的日常生活能够平稳地继续，乃是基于每个人对生活于其中的环境拥有某些信念和预期，我们可以有把握地期待太阳明天还会升起，门前的那条路明天还在那里，早晨醒来时还会躺在昨夜睡下的那张床上，从生活经历和言传身教中习得的经验让我们对自然有着稳定的期待，让我们相信存在着某些可以为人所知的自然律。

类似的，我们所以能和他人一起生活于同一社会，和谐相处，也是基于对他人的行为也有着稳定的期待，我们可以相信朋友见面

[1] 这是我在汶川大地震之后不久写的文章，尽管背景已有些遥远，但其中有关社会组织的部分与本章主题还算贴近。

[2] 有关交通事故死亡人数的官方统计数字相互矛盾，按交管部门的数据，年度死亡人数已从2005年的约10万人逐年下降到2012年的6万人，可是按卫生部门的数据，死亡人数从2005年的10万多人逐年上升到2012年的16.7万人。

时还会认得我，相信店员接过钱后会拿东西给我，也可以相信如果我在大街上被殴打会有人来阻止，因为我们相信周围人的行动和社会的运行依循着某些规则和法律，正如自然界的运动依循着某些自然律。

然而灾难却可能打破这些信念（至少其中某些）。天灾以其暴虐冲击着人们的常识系统，把人们从未想象过的场景和从未料到的变化强加在他们眼前，把他们投入一个完全陌生的自然与社会环境。如此打击会让人陷入巨大的惊恐和无助，感觉手足无措，同时完全陌生的环境也可能让他们对原有社会规则的维系失去信心，进而他们自己也不再遵循这些规则。因此在古代，自然灾难往往伴随着社会动荡，而后者所造成的伤害和损失常远远超出天灾本身。

现代的科学、教育和传媒进步，增强了人们在面对狂暴自然时的自信，因为在一时一地发生概率极小的灾祸，在全球范围和漫长历史中大都已经发生过，人们也都已从课堂、传媒或演习中听到过，并对如何应对有所准备；同样，现代政治文明、社会组织和灾难应对机制的进步，也增强了人们在巨灾中维持行为规范和社会秩序的能力。

然而，这些进步远未彻底消除灾难的社会心理后果和由此带来的混乱无序，以及救援与重建障碍；尤其对于那些尚处于现代化过程之中的发展中国家，如何让社会秩序在灾难中得以良好维系，以最大程度上保持灾后秩序，发挥灾区自救潜力，保证外部救援力量和物资的顺利进入和分发，以求将灾后损失降到最低，仍然是一个有待探索和改进的问题。

灾后的秩序

天灾带给个人的第一个心理后果就是人格的急剧收缩，在无法抗拒的自然面前感觉自己非常渺小和无助，常常陷入一种类似于斯德哥尔摩综合征的状态（只不过凶狠的绑匪换成了暴虐的自然）；此时他首要的需求是寻找可以依赖的庇护者，宗教信徒通常会向他的上帝或神灵祷告，但实际的帮助只能来自俗世。

家庭总是最受信赖的，其次是亲友、邻居和同事，但灾难往往造成家庭破碎和亲人离散，交通和通信中断又会阻碍友人之间的相互帮助。当人们无法从私人关系网络中寻得依靠时，便转向社区、地方组织和当地政府，而在严重的灾难中，这些功能组织和政府机构也常遭破坏。比如本次大地震中，许多学校和政府官员遇难或受伤，办公场所遭毁坏，一时无法履行其职能，此时，人们只好转向更高级的组织和政府，或等待外部救援力量。

当人们由近而远逐级向外寻求依靠时，他们对于这些依靠对象的信任度、亲切感和即时即地可获得性的信心也在逐级递减。外部救援力量虽然强大，但毕竟遥远而宽泛，往往无法及时细致地到达每个需要它的角落。理想的情况是，大多数人能在较低的层次上找到可靠的依赖，而不是把大多数需求推向上级和外部，这样才能维持社会的稳定运行。

危险也在于，如果人们未能及时从其所及范围内寻得依靠，又缺乏自我组织的能力，便可能转向某些非良性的临时组织，这正是古代灾后危机的根源。在恐慌无助的心理状态下，人们很容易受到裹挟操纵而做出其在正常状态下不可能做的破坏性甚至反社会行为。当然，这样的危险在拥有强大政府的现代社会中已得到遏制，但并未完全消除，在小范围内仍可发生，如本次地震灾区也已发现个别抢劫团伙。

从上述分析可以引出这样的结论：一个充分发挥了社区自我组织和自我管理能力的社会，一个自下而上组织起来的社会，将最大程度地让灾难中的人们从最接近他的底层寻得依靠，从而把尽可能多的伤痛、匮乏、迷茫和抱怨留在底层和局部得以解决，这样的社会组织结构将是最稳定的，可以最好的帮助灾区度过困难、重建生活。

自下而上，还是金字塔？

政治学家塞缪尔·亨廷顿（Samuel Huntington）在《变化社会中的政治秩序》中，考察了众多国家所经历的现代化改革和社会变迁，比较了它们在此过程中的社会稳定性，最后，他用社会组织化程度和社会动员程度两个变量来解释各国社会稳定性的差异，他发现，当社会动员程度较高而组织化程度较低时，便容易出现社会动荡，社会组织化发展进度越是先于民众参与热情的高涨，现代化过程便越是平稳。

这一洞见对我们考察社会组织结构如何更好抵御像自然灾难这样的外部冲击，将有所启发。无论灾区还是其他地区，突发灾难无异于一道紧急动员令，人们或被动（对于灾区）或主动（对于非灾区）地被从日常生活轨道中调动出来，投入到规模巨大的自救、救援和重建活动中。此时，一个自下而上良好组织起来的社会结构便显得十分重要。缺乏这样的结构，将使局面要么陷于僵化和低效率，要么变得混乱而无组织。

人类社会能够达致目前的文明水平和复杂程度，端赖于个体之间的分工与合作，随着合作日益深入广泛，人们创建了各种组织，从家庭、家族、部落、村社、城邦到国家，从作坊、行会、工厂、企业到股份公司，从私塾、学校、医院、修道会、互助社、童子军到慈善基金会，这些形形色色、有着各自宗旨和功能的组织，相互交织，将成千上万的人维系在一起，构成了庞大复杂的社会。

个体每时每刻从他身处的社会合作网络中获取信息、达成交易、寻求帮助，他们由此也获得了归属感和安全感，离开这些，我们的生活将跌回石器时代。古代中国，县以下没有政府机构，即便县衙也只有区区几十号人，社会秩序得以维持，是因为众多民间自发组织时刻维系着当地的社会网络，家族祠堂和地方士绅通常为乡村生活提供秩序和公共服务；在城市，工商业行会起着类似的作用。西方更是如此，社区教堂、本堂神甫、乡居贵族、慈善组织和行会，在公共生活中占据至关重要的地位，在某些偏远地区甚至完全取代了政府的作用。

现代化的过程极大强化了政府在社会生活中的作用，一方面，这是对经济活动规模和广度的巨大扩展所作出的必要反应，但另一方面，如果政府权力过度扩张以至压垮了传统自发组织的生存空间，原有的自下而上结构就会被自上而下严密控制的金字塔结构所取代。计划经济时代，我们已切身体会了这种结构的僵化和无效率，也认识到它与现代市场经济的格格不入，它压制了个体活力，限制了人们在乡村和社区等局部进行自我组织和自我管理的机会和动力。

金字塔结构并不像它看上去那么稳定，其特点是，除了塔顶，每个局部都是被动的，而且离塔顶越远越被动。每当遇到干扰时，它首先要把信息层层向上传递，等待上级决策，之后决策和应对方案又层层向下传递，传递时间不仅曲折耗时，而且信息在每一层都可能被扭曲；而最大的问题是，一旦传递链条在某个环节被打断，系统将陷入紊乱甚至瘫痪。

当面临灾难、战争和突发事件时，这样的后果是难以承受的。军队就经常面临这样的问题，一支组织良好的军队，应该让每个战斗单位都能在与上级和友军失去联系时，维持自己的生存和战斗能力，为此，军队在平时就会注重培养各级军官的独立领导能力和个人权威；借助军衔等级制和作战守则，军人甚至可以在编制被完全打散后得以重新组合，继续战斗。

当然，社会不是军队，而通过层层依附关系组织起来的等级结构是封建时代的特征，不再见容于高度流动性的现代社会。幸运的是，现代社会发展出了更丰富、更灵活的组织形式，在这方面，率先实现现代化的发达国家有许多经验可供借鉴。

自我组织和地方性权威

虽然家族纽带日益松散，但在乡村，人们组织村委会、选举村长，自行管理公共生活；在城市社区，人们组成业主委员会，聘请物业公司，对社区进行自我管理；旧式土地关系瓦解之后，人们创建了各种企业来组织经济活动，而企业又通过供应链和同业协会联系在一起。

生活中，人们按各自兴趣爱好组成俱乐部、联谊会和利益共同体，而学校、图书馆、文体协会和专业学会，也为人际交往和公共生活提供了空间。所有这些，在平时维系着社会分工和交换网络，而当灾难降临时，便成为人们可以依靠的庇护所。

基层自发组织在平时是个体与外部世界建立联系的中介，而在灾后，也是外部救援力量发挥作用的重要依靠。巨灾常使许多村镇社区的政府机构陷入瘫痪，或丧失大部分行动能力，此时其他组织的作用便凸现出来：教师和校长可组织学生和家长，厂长经理可组织员工，牧师和长老可组织教众，医生可组织护士和医疗队，消防员和退伍军官可组织起自我救援队，甚至像足球俱乐部、学生会、老年协会，也都可能发挥其联络和组织作用。

这样，村镇和社区将可最大限度维持秩序并展开自救，相反，如果在平时这些组织得不到充分发展，混乱将难以避免。这次地震后，大量志愿者进入灾区，但他们时常找不到适当的当地组织来接收和分发救援物资；相比之下，企业的组织力量这次发挥了很大作用，许多企业在第一时间启动了对灾区员工的联络和救援计划。

自发组织能否在紧急时刻发挥作用，很大程度上取决于这些组织及其核心成员能否在平时建立起足够的公信力和权威：一位德高望重的老校长，平时体贴师生、热心公益，对公共事务经常发表有价值的意见，当镇长在天灾中遇难时，他完全可能接替镇长职能，领导市民自救。

这种地方性权威的建立，是基于他们平时对社会活动和公共事务的经常性参与，在对公共事务的讨论中，在主张和观点的表达和宣传中，在投票和竞选活动中，在具体事务的组织过程中，他们的品行、理念、行事方式和组织能力，获得了社区居民的了解和接受。

这些平时打下的基础，让他们在紧急时刻很自然地被推到领导地位上，负起维持地方的责任。本次地震中，曾发生同一地点的两支救援队伍对施救方案无法达成一致因而耽误救援的不幸事件，此时如果有一位当地权威人物在场，或许可以避免这一不幸。

在近代中国，洋务运动之后的工业化和城市化过程，把大量地方缙绅从乡村吸引到城市，乡居地主把土地委托给收租代理人，自己搬到城里；私塾学生和教师进了城里的新式学校，秀才举人或留洋或进报馆，民团乡勇投奔各路新式军队，结果造成乡村空心化，乡村失去了赖以维系地方秩序的社会精英，这一状况导致此后中国农村的长期动荡。缙绅之所以不愿留在乡村，一方面是新兴城市的吸引力，但更重要的是，地方自治没有随现代化过程同步发展。

如今，新一轮现代化进程正在展开，一个自下而上组织起来的公民社会，一个由多元化自发组织联结在一起的网状社会，一个有能力在各层次上进行自我管理的社会，将最大可能地在此进程中维持稳定，抵御天灾、人祸和战争等外来冲击。

这样的发展，需要制度和政策为之提供宽松的空间，政府应鼓励人民参与到当地公共事务中，应尊重地方性权威在地方事务中发挥积极作用，应容许民众和企业按其兴趣、职能、信仰和利益建立自治组织。政治家应改变计划时代政府包揽一切公共事务的观念，他们需要认识到，公民自治组织不是威胁，相反，它们是政府实施政策和治理地方的依靠。

一些展望

值得欣慰的是，这次灾难中涌现了众多民间自发组织，有些是为抗灾而临时成立，而更多的则是先前就已存在，因其在抗灾中的活跃表现而为人所知，他们的活动无论在参与人数还是分布广度上，都是空前的，充分展现了人们已经觉醒的公民意识和民间组织在过去一些年的长足发展。这样一次大规模社会动员，没有出现明显的混乱，并产生了巨大的效果，这便说明了公民的政治理性和自发组织能力达到了前所未有的水平。

我们看到，原本服务于业主和居民的社区组织积极募集捐款和收集救灾物资，各地四川同乡会相互帮助联络家人，车友会、户外协会、登山协会动员起来向灾区运送物资，心理咨询和野外急救培训班组织学员为灾区提供现场服务，甚至网络社区、QQ 群和博客圈也成为动员和联络的平台。

其中最突出的，莫过于众多民间慈善组织浮出水面，他们先前就在默默从事着各种公益和慈善活动，不以善小而不为，通过私人小圈子点点滴滴汇集着慈悲之情，安抚着身边乏人关注的角落里的种种苦难和伤痛；一旦巨灾来临，他们又挺身而出，以绵薄之力向灾区送去帮助。他们的努力应当受到尊重，我们的制度理应为他们的发展留出空间。

岁月流逝，伤痛终将抚平，激情也将随之消退，但可以期待的是，巨灾所激发的慈善浪潮中，一些新涌现的慈善组织将会保留下来，原有的组织将得以发展壮大，经过历练变得更为成熟；而民间组织的动员能力、道德水准和社会价值，经过这次充分展示，也将获得公众的认可，或者成为反面的教训。

后记

我曾反复强调，传统社会与现代社会的根本区别，是将个人牢牢束缚在一个笼罩生活所有方面的单一关系网络和伦理系统之中。现代化过程将个人从中解脱出来，变得更独立自主，获得更多选择空间，也让社会更富流动性。

但这只是好的一面，它还有坏的（至少是危险的）一面：摆脱了传统依附关系和社会网络的个人，若未能从其他组织中寻求安全和表达利益诉求，便只能转而依赖国家权力，此时可能出现几种情况：假如国家过于虚弱而未能提供基本保护，个人就会倾向于向武装帮派寻求保护，正如许多非洲国家所发生的那样。

假如国家足够强大，并且其保护主要通过独立的司法系统提供，那便是我们在现代法治社会所见到的理想情况；但国家保护也可能以裙带式的政治效忠／庇护，或党派间政治分赃的方式提供，结果就会助长起一个日益强大的国家权力，不断压缩个人自由空间。与此同时，传统社会中帮助个人抵御强权的那些基层和地方组织，却已随现代化而瓦解了。

在西方，主张大政府和国家干预的进步派总是在高流动性的大城市拥有压倒性多数，便是上述危险的一个显著迹象。脱离传统网络的个人如何通过自下而上的组织实现自我治理，建立新的传统和自发秩序，将是未来个人自由能否得以保存的关键，否则，他们起初从现代流动性中获得的好处，又会被权力一点点蚕食掉。

奥林匹克回老家

2012-07-25,
No.3595

时隔 64 年，奥运又将在伦敦举行。名义上，雅典奥运可算是回家，但假如我们更注重实质，这次才更配得上“回家”一词，无论是作为一种现代生活方式的大众体育，还是有着严谨规范、体现着“费厄泼赖”精神的竞技项目，乃至现代奥林匹克这样的定期竞技盛宴，英格兰都不愧为其发祥之地。即便到今天，以参与体育活动的比例、热情和强度而言，英格兰仍是首屈一指的体育大国。

相比之下，古代奥林匹克其实并无特别之处，那不过是古代尚武民族中常见的比武大会兼战争祭祀罢了，竞赛项目亦无不与战争有关，都是些古代战士需要掌握的基本技能，唯一比较特别的是铁饼，只有这个不太起眼的项目，还在孤独维系着现代奥运与希腊传统的一丝联系。

至于奥运与和平的联系，也已被发现只是个现代神话，所谓大赛期间的停战，史料上说的只是军队会允许战士去参赛，并且沿途得到通行便利，实际上，举办古代奥运的通常是那些在最近战争中获胜、拥有了某种霸主地位的城邦，奥林匹克是它们向其他城邦炫耀实力的手段，通常会借大赛之机订立盟约，并商定下一场战争的时间；假如你亲临现场，目睹开幕式上为战争胜利感谢宙斯而举行的血淋淋献祭场面，你是绝不会将它与和平联系到一起的。

现代人心目中圣洁、高雅、纯粹的古代奥运，是顾拜旦等现代奥运倡导者美化虚构的结果。他们之所以非要把体育和奥运的传统追溯到希腊，无非因为在那个理性与启蒙的时代，希腊俨然已是文明、理性、科学和艺术的圣殿，要证明自己提倡的是好东西，最好都将它与某个希腊元素挂上钩。希腊确实拥有高度繁荣的科学与艺术，但把古代奥运视为与现代体育类似的东西，是一厢情愿的。

其实，这种美化和虚构，是从文艺复兴到启蒙运动的几个世纪中，西方知识与精英界重建其精神传统努力的一部分；对古代智慧的再发现像一股甘泉，适时浇灌了中世纪后期理性复兴这棵幼苗，然而“复兴”和启蒙一旦成为运动，被树为旗帜的希腊传统就难免被过度美化和神化，正如中世纪传统被过度贬低和丑化一样。

在出现维持和平所需的政治秩序之前，人类社群之间处于无休止的冲突之中，习武和比武是古老而普遍的传统，直到大型帝国建立，才出现了较为长期的和平。但定居农业国家也总是面临着周边游牧渔猎民族的不断骚扰和入侵，许多农业国的历史就是不断被游牧民族征服的历史。

凡勃伦曾在《有闲阶级论》里指出，那些作为游牧征服者而统治农业民族的贵族阶层，常会保留一些游牧文化元素，特别是尚武习俗，以便与被征服者拉开身份距离，同时也时时提醒后者记住双方的差异。这一观察颇有道理，比如除了比武大赛，古代君主和贵族还会为自己保留大片草场、森林、苑囿作为皇家猎场（比如中国的禁苑制度和英格兰的森林法），季节性的围猎活动是象征君主和贵族权力的重要仪式性活动。

在集权帝国，尚武已成为一种仪式和身份，而在权力分立的封建国家，尚武对统治阶层仍有着现实意义。特别是在封建早期，贵族的权力和地位的维持，很大程度上仍依靠其个人武力，领主们一生的很大部分时间，都花在带兵行军、巡视、盟会、平定叛乱和相互交战之中，而且那时军队规模都很小，也没多少大型火器，骑士们的个人能力就显得很重要。

尽管体育的起源离不开尚武传统，但从尚武传统中发展出竞技体育，还需要其他一些要素的加入。首先是公平竞赛的精神，此精神之要义在于，对某些行为规范的遵循，不仅是出于现实利益考虑，更是将规范本身视为一种价值，赋予其神圣性。对规范的恪守已成为厕身于贵族阶层所必需的人格禀赋，所谓的骑士精神，便蕴含了这一标准。

百年战争和玫瑰战争时代，被许多历史学者视为骑士精神的巅峰期，那时一方面社会上层十分动荡，但同时，关于领地、继承权和封建义务的整套权利和契约观念已深入人心，封建早期那种机会主义行动受到鄙视。在此背景下，一位贵族的利益前景，除个人武力之外，很大程度上取决于与其同侪建立联盟和契约关系的能力，而对方是否愿意与你结盟、结盟后是否忠诚，又取决于你在对待契约义务和盟友方面所建立的个人和家族声誉。

从比武习俗发展出竞技体育的另一个关键，是去除其中的战争和实用性元素，这一转变发生在骑士时代过去之后，对骑士精神的追寻和仪式化复兴之中。到都铎王朝，贵族阶层在此前的长期战乱中已元气大伤，随着步兵和火器的大量使用，重甲骑士乃至个人武力在战争中已无用武之地，然而残余的贵族们仍想表现他们祖先的骑士精神。

长枪比武虽早已存在，但变成一项规则、程序、场地、器具规范严谨的竞技项目，并在整个贵族圈内大行其道，正是在都铎王朝。英王亨利八世还因此而受重伤且遗疾终身，法王亨利二世则直接死于赛场，没人因此而受惩罚；也是亨利八世，把网球发展成了一个规范的竞技项目。

将竞技体育从贵族消遣最终变成大众运动的，则是另一个因素：贵族对现代化进程的引领和全民对贵族精神的仰慕和模仿。在英国，在封建依附关系瓦解、现代市场制度建立、社会流动性提高、权利趋于平等化的整个现代化过程中，贵族阶层始终处于积极参与的状态，并且该阶层的开放性使得它能够不断吸纳成功者、新贵和精英，也正因此，传统价值观才得以延续下来。

相反，假如现代化的过程是以贵族的失败和被推翻来实现的，像法国和俄国那样，可以想象，他们的生活方式、价值观和传统元素，都将在革命过程中遭到唾弃，那样的话，现代竞技体育至少不会以我们所见到的方式发展起来。

竞技体育是后人对古代尚武传统和骑士精神的追寻和移植重建，这一点，从现代奥林匹克奠基者顾拜旦本人的经历中也可窥见一斑。顾拜旦是世袭贵族，也是保皇党人，从小热爱骑马击剑等贵族运动，普法战争的败绩给他童年留下阴影，成年后致力于国民教育，大力倡导为学校引入体育训练。

不过顾拜旦自己并不清楚具体该怎么做，他在访问英格兰时才找到了答案。原来在托马斯·阿诺德的努力下，那里的贵族学校半个世纪前就已推行了体育教育，如获至宝的顾拜旦将阿诺德赞誉为“体育骑士精神奠基人”。

现代奥运的另一个理念：将体育从贵族活动变成大众运动，并为此而组织定期集中式赛会，同样来自顾拜旦所拜访的另一位英国人威廉·布鲁克斯。布鲁克斯于1850年为温洛克农业读书会创办了一个名为奥林匹克班的体育科目，旨在“鼓励当地居民特别是劳动阶级参与户外运动，以提升其道德、体魄和智力”，并为此而举行年度赛会。

此后布鲁克斯又组建了温洛克奥林匹克协会来推动此事，他的努力获得了热烈响应，从温洛克镇地方运动会到1861年的什洛普郡奥运会，又到1866年的伦敦全国奥运会，奥林匹克迅速成为一项全英活动。正是温洛克的成就，直接启发了顾拜旦去创建国际奥委会和举办奥运会。

实际上，整个维多利亚时代的社会面貌巨变，都可以理解为贵族与平民之间的一次和平竞赛：每个平民都希望自己能活得像贵族一样体面和尊严（前提当然是他们认为贵族的确是体面和有尊严的），因而努力让自己和孩子们像贵族一样接受教育、参加体育运动，表现得健康积极而富有理性，能自我克制、谨守规范、愿赌服输，成为合格绅士而跻身上流社会，能掌握自己的命运、追求自己的理想、发展自己的事业。而面对平民和新贵的竞相涌入，贵族们更要拼命证明自己担当得起祖先的荣耀和自己的身份。

正是这样的和平竞赛，而不是革命与颠覆，使得社会逐渐变得开放和流动，上下阶层相交融，最终形成了如今占人口大部分的中产阶级。同时，贵族传统逐渐下沉而成为高雅文化，古代骑士精神以公平竞争、企业家冒险精神、自我克制、妇孺优先、乐心慈善等的新型价值观体现在现代伦理之中，体育精神只是其中的一个方面。

后记

英国历史最好地展示了，传统如何可以得以延续，并随社会发展而保持其活力。正因为它保留了大量传统，才如此富有创造力，才能不断自我更新而适应新的条件；正如一个生态系统，只有当它能够保存亿万年积累下来的大量进化遗产，才可能持续进化，不断诞生新物种。假如这些遗产被定期摧毁，进化就只能一次次从原始汤重新开始，生命就不会像今天这么丰富多彩。

因为高层次上的进化须以较低层次上的丰富性和持久性为前提，没有靠得住的元器件，就搭不出复杂精巧的机器；没有可靠的机器，就建不起复杂的工厂；没有可靠的工厂，就组织不起复杂的产业链和大型工程；没有可靠的产业链，就难以构造复杂的商业模式。

社会也是如此。没有深厚的传统，就孕育不出牢固而普遍的价值观；没有某些价值观的确立，人们就无法对他人的善意、诚信和操守持有可靠的信念；没有这些信念，就无法达成某些复杂的合作和契约关系；没有这些关系，就无法建立复杂的组织和制度；反过来，没有这些组织和制度保障，传统也难以得到保守。

别指望用科学全面指导生活 [1]

2010-09-06，
No.1630

近些年来，伴随着工业化、城市化和生活方式的巨大变迁，越来越多的人发现在生活中面临各种问题时变得无所适从。如何鉴别和评估食品的安全性，如何安排有益身心健康的生活起居，如何让孩子获得适当教育并顺利融入社会，在各种相互矛盾的意见中，常陷于茫然和困惑，不知如何取舍。

与困惑者的解惑需求一起繁荣增长的，是作为供给的各种“意见”，科普作家、心理辅导师、情感专栏、成功学、养生大师，乃至宗教，都在蓬勃发展，一派供需两旺的景象。但这其中难免鱼龙混杂，会有江湖骗子乘机浑水摸鱼。

就个人而言，我更青睐来自科学的意见，和来自生活、交流和学习的个人经验，其他种种意见从未打动过我。但是，在同样推崇科学的人群之中，我却感觉到一种令我不安的倾向正在变得日益强烈，在一些人眼里，科学似乎已成为有价值的经验知识的唯一来源，而那些未在科学规范下经受检查，未被纳入科学体系的传统经验和个人知识，都是没有价值的，即便不是该被清除，也不应在指导人

[1] 我在2010年8月2日发表的“碘盐争议中的科学与权利”（No.700）中也讨论了这个主题，实际上本文是它的续篇，建议一起阅读。

们生活的知识体系中为它们保留地位。

进而，更有人认为，那些为人们提供意见和指导的供方，若无法为他们的说辞提供科学依据，就都是骗子，都应被取缔——这种看法不仅荒谬，而且有害。现代标准的科学最多只有几百年历史，而人类已生活了几十万年；而有了科学之后，绝大多数人在日常生活中观察世界和做出选择的方式，并未从根本上改变。否定前科学经验知识的价值，等于是说，在缺乏科学指导的那几十万年中，人类生活得很失败。

可是，当你下楼买瓶饮料时，是否计算过乘电梯的时间节省和爬楼梯的健康效果？当你跨过马路走向便利店时，是否依据车流车速统计数据计算过被撞倒的几率和期望损失？当你面对五个饮料品牌时，是否计算了卡路里和维生素摄入量并和你的需要作过比较？

当然，在许多诸如此类的生活环节中，科学都可以提供有益的知识，但是，至少到目前为止，科学远远无法为生活提供一个全面完整的指导框架，它充其量只能在零散个别的环节上提供意见。而且即便科学有了足够好的理论框架和足够丰富的知识储备，个人的认知结构和计算能力也决定了他不可能全面运用这些知识到每个生活细节，成为一部完全基于科学知识的决策机。

所以，即便我将科学视为最佳知识来源，即便我努力在最大程度上运用我的理性，但我完全清楚，我日常的许多行为和选择，远远说不上是理性的。在指导每日生活的各种知识来源中，占有压倒性优势的，仍然是进化所加于我的认知局限，我成长于其中的文化传统，我那充满了偶然性的个人生活和交往史，以及我沉浸于其中的传播环境。在我看来，拒绝承认这一现实是非理性的。

可以相信，日益进步的科学将进入更多的生活领域，但迄今为止，多数传统经验的作用机理尚未被分析过。事实上，随着文化研究的深入，不断发现原本被进步人士视为荒诞无稽的传统习俗，确有其实用价值。因此，轻易摧毁和抛弃那些未经科学理解、也没有科学替代物的传统，非但不会增进理性和进步，反而会让那些失去依凭的人们倒向更具煽惑性也更机会主义的新潮大师。

一旦与之争夺意见消费者的竞争对手，从传统和习俗转向新潮大师，科学是绝无胜算的。科学的怀疑精神、试错态度和对竞争观点的开放性、逻辑上的审慎、对支持证据的质量要求，都大大降低了科学家获得传播力和成为意见领袖乃至心灵大师的可能性。大师们所拥有的不容置疑的断然、当头棒喝的气势和简洁明了的信条，将注定让他们在这场争夺中所向披靡。

后记

我曾在一条微博里（No.4506）表达了我对理性主义的态度：

假如理性主义是指最大限度地运用理性，那我就是理性主义者，但我理解的理性主义是指下列情况之一（或若干）：

（1）理性是首要知识来源，也即反经验主义，通俗说就是：关于世界的道理自己蹲在家里使劲想就能想明白；

（2）未经理性探明的事物在价值上是较低的，表现为：因为自己或自己所认定的聪明人们不理解某件事，就认为它是不对的、没用的、不值得保留的，比如药理上尚未弄清，但确实有用的经验药方，机制上尚未探明，但确实在维持着秩序的习俗和习惯法，等等；

（3）好的东西都是经由理性论证、预见、设计和建构出来的，比如好的制度、好的法律、好的语言、好的工艺、好的产业、好的产品，等等。

我（和哈耶克一样）认为，这种理性主义是很不理性的。

本文所针对的，是上述三种倾向里的第二种（方便起见，我有时将其称为“科学主义”，但这只是我个人的用法），它可以视为一种白名单原则：凡缺乏科学依据的经验皆无价值。而我的态度则是黑名单原则：凡有科学依据让我相信是虚假、有害或不合理的经验，会被我摈弃，其余则视情形（直觉、喜欢等）而定；没有科学依据表明有害的传统，我倾向于保留。

同性婚姻与保守主义

2013-03-30,
No.4630

最近，美国两桩涉及同性婚姻的案件同时在最高法院得到审理，许多人预期或盼望这些案件的判决将为这一长期争执不下的政治议题给出结论，做个一锤定音式的了断，或至少给正在发生的变化一个有力推动，在伦理规范演变史上树立一个里程碑。

但许多大法官和宪法学家却很不情愿让最高法院发挥这样的作用。基于法律现实主义（legal realism）的传统，对此类高度政治性的伦理议题，他们更希望看到由社会从分散的和地方性的政治进程和规范演变过程中自己得出结论，而宪法判决只是在事后加以澄清和确认。

历史上最高法院确曾起过更积极能动的作用，比如1973年罗伊诉韦德案（Roe v. Wade）判决中对堕胎权利的支持，但宪法学界的主流意见并不认为那是值得称颂的先例，所以这次大法官们也不大可能会给出一个决定性的判决，而更可能作出程序性的或仅产生个案或局部影响的消极处理。

关于同性婚姻，近年来美国舆论和民意的变化倒更值得关注。据统计，不赞成同性婚姻者的比例，在过去二十多年已减少了一半多，从1988年的72%降至目前的约1/3。据佐治亚州立大学社会学家鲍纳分析，这一变化既非世代更替的结果，也不是自由派势头抬升的表现，而更多反映了婚姻关系和性观念本身的变迁。

实际上，在这段时间里，保守主义在美国非但没有消退，反而经历了一次强势回归。在看待传统、宗教、家庭和两性关系的态度上，社会价值氛围中存在着一股朝保守方向复归的潮流，六七十年代的叛逆和革命热情对年轻人失去了吸引力，也不再显得酷，传统价值重新得到珍视，吸毒大幅减少，青少年对待性关系也更慎重了。

乍看起来，对同性恋和同性婚姻日渐宽容开放的态度，和保守主义回潮似乎背道而驰，但细究之下却并不矛盾。保守主义的回归——和其他任何“复兴运动”一样——并非简单回到原有观念状态，而是在经历了新的变化、冲突和对比之后，对某些传统价值形成了新的认识和价值自觉，并在此基础上作出了更有意识也更理性的选择。

当一种传统深植于文化，渗入生活的方方面面，身处其中的人们反倒容易对它视而不见，即便有所认识也会视为理所当然，因而觉得不值得加以谈论。只有当视野之内发生了截然不同并与之相悖的事情时，人们才像获得了一面镜子那样，首次有机会看清自己一直在实践着的传统。

然而，从熟视无睹到自觉的过程不是一次完成的，认识将随接触、冲突和了解的持续而逐步加深，态度和反应也将随之而变化反复。第一轮反应往往表现出显著的代际差异，老一代将挑战传统的新事物视为不可理喻的异类而简单予以排斥，拒绝花心思去了解和理解它，而年轻人则将其视为释放青春叛逆的出口，持同样的盲目和非理性姿态，往往为叛逆而叛逆。

这给双方都带来挫折，老一代发现，在社会变化面前，他们的传统日益缺乏说服力和吸引力，而年轻人则发现，接受新观念是一回事，将生活方式建立于其上则是另一回事。当他们到了成家立业生儿育女的年纪而遭遇各种现实困难时，就难免发生动摇与分化。一些人承认过去的幼稚轻率并回到传统；另一些不肯认输者则以他们混乱动荡的生活和常常是悲剧性的结局给保守派送去了反面教材，还有些幸运儿则只因其他条件的优越而得以维持理想，但这也是在告诉世人：进步和新潮是一种奢侈品。

于是接着就会有一轮保守派回潮，但这轮回潮主要是因为进步派的挫败。只要新观念是有着现实基础的，适应正在浮现的新型生活方式与社会结构的，即它果真是“进步的”，那么新一轮变革迟早会到来，而因为有了之前的教训，第二代变革者会更务实理性，更认真地探索现实可行的方案，而不仅仅热衷于叛逆与颠覆。

在同性恋问题上，如今选择出柜通常已没有叛逆和对抗传统的意味，出柜者在其他方面完全可能也是个保守派，选择出柜只是为了过一种不必遮掩而又与社会相容的正常生活，主张同性婚姻权利也只是为这样的正常生活争取到恰当的法律、制度和文化地位。

当变革者的建构努力日益取得成功时，保守派就面临了真正的危机，因为他们的伦理体系在现实面前显得更加过时、不自洽和缺乏说服力了。对此，他们之中将会出现同样的反思和建构努力，为他们所珍视的传统价值在新的社会现实和伦理体系中找到位置。对于个人，这也将是一个理性自觉和有意识选择的过程，如此所推动的保守回潮，将不再只是对陌生新事物的莫名恐惧，而是在重新认识了生活现实和自身价值观之后作出的自我再肯定。

后记

有人用一句话抓住了要点：连同性恋者都嚷嚷着要结婚了，你们保守派还担心什么？说明婚姻很受欢迎嘛。确实，早期同性恋权利运动的先驱们都更为激进，婚姻和家庭多半是受他们鄙弃的老古董，一种束缚，而不是值得热切争取的机会。

对于保守派，让同性恋者拥有婚姻的名义（至于实质性权利，他们早就拥有了），并不会让自己失去什么。让这样一个仪式和名分之争长期占据政治焦点，反倒妨碍了那些更值得他们关切的重要议题的推进。

第六章

现代

现代社会与传统社会最根本的不同，在于其流动性，这里说的不是阶层间的，而是社会关系的流动性。对个人而言，就是选择自由，或者说掌握自己命运的可能性；当然，这种可能性仍受制于个人所拥有的不同财富、知识、见识和生活态度，但与传统社会地位相当的人比，今天所有人在居住地、职业、配偶、社交圈和兴趣爱好上，都有着大得多的选择空间。

在古代，绝大多数人一辈子住在出生地，从事与生俱来的身份地位所决定的职业，处于家族、亲戚和邻居组成的社交网络中，被各种习俗和传统牢牢束缚着。可能打破这一状态的，往往是灾难性事件。一生中只有两三次像结婚这样的关口才有机会做选择，能经历一两次诸如科举考试之类改变命运的机会，就算得上幸运儿了。

只有贵族子弟和少数处于边缘地位的特殊职业者——行商贩夫、说唱艺人、游方术士、托钵僧人、刺客游侠——才有机会和能力四处旅行，突破被出身所赋予的那个社会网络而构建自己的社交圈，但即便是他们，也往往为身份所限，仍然被排斥于主流社会之外，因而选择余地其实也相当有限。

而且这种选择即便存在，也是成套的，不是可以自由组合的。你选择在某个地方居住，就必须与那里的邻居交往，否则会被视为反社会者而陷于孤立；你与某人结婚，便须对其整个家族承担姻亲义务；你拜某人为师，便自动与一大群师兄师弟成为同门；如果你选择做工匠或开店，就只能住在城内指定区域，甚至被要求穿着特定款式的衣服以标示身份。

现代社会的流动性，源自相互交织的多股力量。其中一股力量是经济活动的货币化，在缺乏货币化的时候，交易、合作和生产组织往往建立在各种依附关系之上，农民依附于庄园领主，工匠依附于贵族私人作坊，士兵是领主附庸，商人是贵族的贸易代理，歌舞家是贵族的奴婢，诗人是贵族的弄臣，各种管理者则是贵族的家臣，甚至提供宗教服务的僧侣和修道院也常依附于领主。

依附是一种长期契约关系，通常终身不变乃至世代承袭，个人的绝大部分合作与交易对象被锁定于其中，无从选择。在这种情况下，满足生活各方面需要的消费品和服务，通常以一揽子套餐的方式提供：庄园农民为其领主提供全套产品和服务，只有少数奢侈品花钱从市场购买，因而领地被称为食邑；领主也包揽了其家臣奴婢的全部生活所需。

在交通不便、贸易不发达、交易费用极高、社区之外充满危险的条件下，这种模式可以给人带来稳定和安全感，但显然也削弱了竞争和生产激励。相反，假如产出分配和劳动报酬简单地以货币支付，再用货币购买各自所需消费品，会更有效率，也更多选择自由。所以一旦社会变得更安全，贸易条件改善，货币就会代替依附关系和生存套餐而成为资源配置、生产组织和消费活动的媒介。

创造流动性的另一股力量是城市化。城市最初在规模经济的驱动下得以扩张，因为密集人口可以支撑更多样化的消费、更精细的分工和更迂回的生产，但规模超出邓巴数[1]两三个数量级的大城市一旦出现，也会改变社交模式；在乡村熟人社会，社交关系是被出身和环境所给定的，而在城市，每个人活动半径内可能接触的人数，远远超出可能与之建立关系的人数，于是便有了选择余地。

第三股力量是非血缘组织的兴起。传统社会高度依赖于血缘与亲属纽带，家族和经由通婚关系结成的家族联盟，是生产、战争、政治、贸易等各种活动赖以开展的组织基础。血缘能提供合作所需要的信任，但也有着无法克服的弊端：家族分支裂变带来的离心力，亲缘与能力不匹配所导致的权力冲突和继承危机，亲亲伦理与专业价值观、职业伦理和商业道德的冲突，等等。

所以，当经济繁荣起来，社会变得更复杂时，家族便难以满足日益多样的组织需要，教会、行会、学校、社团、公司、政党等非血缘组织逐渐在各种领域取代其地位。这些构成社会中间结构的组织，是个人在家族之外寻求保护、发展事业和诉求利益的媒介，也是改变自身命运的机会。要知道，在缺乏普遍司法保护的古代，孤立的个人是难以在社会上立足存身的。

---

[1]邓巴数（Dunbar's number）这一术语源自灵长类学家兼人类学家罗宾·邓巴（Robin Dunbar）提出的一条经验法则：依靠个体间相互熟识关系维持其社会结构的群体，其规模严格受限，成员数量上限约为100到250，该数字后来即被称为邓巴数（传播中常简化为“150”）；当群体规模超出邓巴数时，社会需要额外的制度元素来维持。邓巴法则已在大量实证研究中得到验证，两个有趣的案例是北美的阿米绪和胡特尔社区，这两个教派的自治社区每当人口数量接近邓巴数时，便一分为二，我在大象公会发表的两篇文章曾有过介绍［见《一个德治社会如何可能》（No. 5208）和《最成功的共产社会在美国》（No. 5162）］。

这三股力量并不同步，各社会表现也很不同。在中国，货币化和依附关系的松动发生得更早，社会流动性也比较高，或许是因为强大的国家权力扫除了各种资源流动屏障；而在西欧，非血缘组织的发育则更早更充分，基督教（不像儒家）是反祖先崇拜的，其组织也是非家族的，西欧的封建制度也较少依赖血缘纽带。这一反差构成了中西社会面貌差异的重要背景。

上述几方面的变化，最终在宪政与法治的保障之下，在18、19世纪的西欧演变成了一场全面变革，不妨称之为现代化（或从经济学角度称为市场化）。传统结构全面松动，各种资源要素、社会关系、生产与消费活动，都从中解放出来，进入市场配置机制，经由非人格化交易而流通，个人也因此而获得前所未有的选择自由。

在现代商业关系中，合作与交易各方只需在生意上发生关系，别无牵扯；现代企业中，雇主与雇员只需在工作时间发生关系，报酬以货币工资一笔了断；在现代社区，邻居之间只需在公共事务上发生关系，亲戚关系也随感情和际遇而异，并无当然义务。总之，现代社会的所有关系都是有限的、非永久性的、可替换的，因而也是个人可选择的。

这并不是说，现代人不和他人建立紧密关系，而是说，他们在生活不同方面（家庭、教育、职业、宗教、爱好、政治、学术等）分别与不同圈子建立关系，圈子间彼此隔离，互不牵扯；由于这些关系可以单独解除或替换，任何方面的变故都不至于全面颠覆你的生活，因而你在做出选择时也就更为从容自如。

现代化也并非消灭了传统和习俗，而是解除了各种传统之间的紧密耦合关系，个人不再被迫在一整套全面笼罩生活各方面的传统体系中做要么全盘接纳要么彻底抛弃的艰难选择，而是可以在生活不同方面分别追随不同传统，认同不同的价值，习得不同的要素，从而构建起专属于自己的文化体系，拥有独特的文化人格。

从同性恋纷争看文化宽容

2011-07-04,
No.1913

最近，吕丽萍在微博上以赞同姿态转发了一位牧师的反同性恋言论，随即掀起轩然大波，引来多位演艺界同行站队表态，无数粉丝跟着声讨欢呼对骂起哄。从对阵局势看，反对吕丽萍的声音占了上风，很高比例的网友宣称要抵制她的作品，金马奖评奖委员会也已取消了对她的颁奖邀请。

从这场纷争中，我们可以真切体会到，这些年来文化宽容和多元化在中国社会所取得的长足进展。就在十年前，公开谈论这样的话题多半会引来异样的一片目光，人们对性取向之类的话题更多的是回避和躲闪，而同／双性恋人士公开自己的性取向更是难以想象的事情；而现在，无论哪一方，在表达自己的思想和立场上，都显得更加坦荡和自信。

文化宽容是市场经济赐予现代社会的一份厚礼，但同时，它也为我们构造了全新的生活环境，个人需要一些适应和调整才能充分享受它带给我们的好处。在传统小社会中，所有人都相互熟识、知根知底，相互间的评价和交往是全方位的，生活的每个方面，从生产食物的方法、饮食禁忌、婚丧习俗、男女交往、家庭纠纷、哺育教养孩子的方式，等等一切，都被同一套伦理规范严密地包裹在一个系统中。

结果是，同一社区的社会成员之间，在习俗、价值取向和道德观念上趋于高度的同质化，个人在任何方面的违逆都可能使其成为反秩序和反社会者，从而遭受群体的排斥甚至惩罚；每个想融入社会的人都必须向这套规范袒露自己的每个侧面，接受其审视和约束，就像新党员入党时要向组织全面“交心”、并定期在组织生活会上进行批评与自我批评一样。

今天已高度宽容和多元化的美国社会，其实最初也是这样的。清教徒在北美建立的早期殖民社会是十分封闭而不宽容的，私人的生活和思想随时面临着邻居和牧师的监督和审查，礼拜日教堂里的忏悔活动往往就是社区成员接受再教育的组织生活会。这种禁锢和压抑的氛围，也是后来促使年轻人逃离乡村涌入城市的动力之一。

现代大规模市场交易改变了这一局面。在传统社会，熟人之间的合作与交易不是一笔笔单独评估的，而是被置于长期交往关系之中衡量。铁匠收一个徒弟和现代企业的雇佣关系完全不同，师傅所期待和要求于徒弟的，绝不仅仅是工作任务，出身、家庭背景、长辈关系、人品操守、甚至娶妻生子的安排，师傅都会关注、参与、甚至干预，这种长期关系的跨度甚至可以超越个体生命，延伸到长期家族关系和门户声望。

而在现代市场社会，这些关系被多面化了，在每种非人格化的合作与交往关系中，对方通常只需要了解你的某一侧面：雇主关心你的工作经验和专业能力，银行关心你的收入前景和信用记录，商业伙伴关心你的产品质量和履约能力，教友和牧师关心你的信仰或品行，学术同行关心你的研究课题和学术观点，家人关心你的生活和感情状况，而玩伴们则关心你的品位和情趣。

人们仍在相互评价和排斥，个人仍受各种社会规范约束，但那个无从选择却笼罩一切的单一体系则不复存在了。现代人在不同的关系和圈子中遵循不同的规范，更重要的是，他们可以对进入何种关系和圈子作出选择。而在每一个特定的场合中，现代人倾向于只袒露自己与该情境有关的那些侧面，而把其他方面包裹掩盖起来；同时，他们也懂得小心不去触碰和揭露别人的当前场合无关部位，这是现代的交往规范。

在一些怀旧人士看来，这既是一种人格分裂，或至少是虚伪的，他们会说，现代人都生活在面具之下。这么说不算错，但人格多面化有什么不好呢？我们不也总是在公共场合掩盖我们的身体，而只在闺房密室中才向情侣袒露某些部位吗？假如这算是虚伪，那也是美好的虚伪，不分场合的裸奔反倒显得十分丑陋而无趣。

刚刚摆脱那套单一体系高压的人们，或许还来不及学会如何在新的规范下优雅而舒心地生活，在张扬个性和价值观、恣意放纵摆脱桎梏后的欣快感的同时，常常忘了随场合不同而作出适当的遮掩，于是我们便见到许多裸奔的场面。从道金斯对宗教界的肆意攻击到吕丽萍的微博事件中，都可让人感受到裸奔的不雅和难堪。

后记

都市的社交生活中可以看到一些乡村或城镇少有的现象：两个已密切交往多年的朋友，可能从未去过对方家里，也没见过对方家人；共事多年，常相谈甚欢，却不知道各自有些什么业余爱好，或信仰何种宗教；每周相约打球的球友，在球场外从未见过面；亲戚之间亲情虽浓，却很少相互吐露政治观点；时而聚在一起大谈政治的圈子，倒可能压根算不上朋友。

在刚刚进入这种社会还不太适应的人看来，都市人情未免有点太冷漠，但实际上，正是这种适度隔离和冷漠，才造就了都市的文化宽容。

从过年恐惧看文化冲突

2014-02-13,
No.4979

今年春节，有关过年恐惧症的讨论突然间热闹了起来，恐惧的对象，都是我们耳熟能详、许多同龄人也都亲身经历过的事情：父母逼婚，七姨八姑张罗相亲；长辈催问事业前景，指点进阶之道；亲戚邻居对收入与房车的殷殷关切；同学聚会中的炫富耀权；日渐疏远的发小重逢时的尴尬……多半涉及价值观分异所造成的文化冲突。

这些抱怨多来自身在大城市而老家则在小城市或乡村的年轻人。作为一个 70 后，类似的声音已听得不少，也有许多切身体会，今年突然变成一个热议话题，大概是因为 85 后一代已到了成家立业生孩子的年纪。作为第一批完全没有在计划体制下生活过的新生代，他们与上一代的价值观差距比之前的更大，在他们开始懂事的时候，恰好经历了 90 年代中期的那一轮大规模市场化改革和全球化浪潮。

新生代更珍视个人独立和自主，更难以忍受父母的摆布和亲属的压力，更愿意按自己的个性与喜好选择职业和发展社会关系，而不是被动接受家族、同乡、同学等被事先给定的关系，也更难以接受传统的评价标准。这些差异，对于选择去大城市生活的人尤为突出，因为这一选择本身表明他们比留在老家的同龄人更向往独立和自由。

然而，价值观和文化差异只是问题的一方面。差异之所以带来恐惧，未必是因为差异太大，或许恰好相反，是因为差异还没大到将双方彻底割断。害怕逼婚，或许是因为自己在择偶问题上确实遇到了障碍，对自己的信念和立场也没有十足的信心，害怕自己或许真的会屈服于催逼，或经不起相亲机会的诱惑。

同样，害怕家人亲戚为自己的事业前景而张罗操办，或许也是因为自己在工作上并不顺利，对自己能否自立于都市社会有一些迷茫和怀疑，在自己想要什么和要做什么的问题上尚没有明确而坚定的信念。尽管知道自己对啃老或接受长辈的安排和铺路心存鄙视，但在内心深处，仍免不了担心自己有一天也会选择这条轻松的捷径。

相反，假如我们果真对自己的独立、对自己想要什么、对自己有能力在选定道路上走下去确信无疑，那么，对节日回家期间所遭遇的种种，倒完全可以泰然处之，对那些自己并不需要的关怀和帮助，大可礼貌而不失坚定地加以谢绝，而不至于影响自己的情绪进而演变为冲突。

一旦你明确而坚定地表明了自己的态度，文化隔阂并不会妨碍像过节回家这样的短暂相处。恐惧来自被影响与改变的可能性，而这只有在足够靠近而且差距不那么大时才会发生。当你面对一种老旧陈腐的文化，同时完全确信自己不会成为其中一部分的时候，反倒会感受到某种类似于异国情调的东西，甚或产生怀旧的美感。

同样，当你在同学发小聚会上面对那些粗鄙不堪的炫富耀权举动时，假如你完全确信自己不会为他们的价值观所动，也根本不在乎他们对你的评价，甚至觉得被他们夸奖是件可笑而尴尬的事情，那你便可坦然地以一位人类学家的姿态，把这种聚会看作一次文化观察的机会了。即便你对人类学没兴趣，至少也可以一位游客的姿态观赏一番奇风异俗。

确实，对于游客和人类学家，天壤之隔的文化差异所带来的，是好奇而不是恐惧和冲突，真正带来冲突的，反倒是那些大小适中的差异，它们足够显著而可以在群体之间被用来区分你我，却又足够细微而让双方仍然能够相互理解、沟通和影响。所以，就文化冲突而言，内斗永远比外斗更激烈更凶悍。

后记

过年恐惧症所代表的这场文化冲突，据说还延烧到了微信上。这几年得益于智能手机的普及，大爷大妈们纷纷用上了微信，还经常把孩子们拉进他们的聊天群。晚辈们很快就发现了事情的严重性，原本只有过年回家才会遭遇的场面，现在随时都会出现了，许多人只好悄悄屏蔽以求清静。

文化上的代沟或许每个社会都会有，但转型社会中的代沟不仅仅由年龄差别所造成，也代表了不同社会结构所对应的文化之间的隔膜，因而这一隔膜同样存在于选择了不同生活环境的同龄人之间。在都市工作生活多年的人，过年回到乡村或城镇时，常发现自己在同龄人之间已显得格格不入。

高考折射出的身份焦虑

2012-06-12,
No.3532

每年高考，家长好像都比孩子更紧张，而且表现得一年比一年夸张。拥挤在大门口守候已是稀松平常，提前一两个月到宾馆开“备考房”调整状态，全家出动当保镖护送孩子赴考场，迟到了跪求门卫，甚至自发组织起来对附近马路实施“交通管制”。“我们家孩子今天高考”俨然已成为要求邻居和市民给予特权待遇的响亮理由。

有人说，家长对高考如此紧张，是因为中国的社会上升通道狭窄，且多半已被特权阶层垄断，留给普通大众的进身之阶只有高考这座独木桥了。而且，诸多个人发展机会中，唯有高考算是机会较均等、程序较公平的。这一看法抓住了高考的社会功能，和古代科举制一样，高考确实是保持社会流动性的一条相对公平的上升通道。

但这并未解释为何人们会如此紧张。通道狭窄、机会渺茫，未必是紧张和焦虑的理由。80 年代社会流动性更差，当时所有人都被牢牢束缚在计划体制和户籍制度中，改变职业、经商创业、迁居城市、移民出国，几乎没有可能，高考是普通人改变命运的唯一机会，况且当时的高考录取率比现在低得多，这座独木桥远比现在拥挤，但那时考生的父母却没有现在这么紧张。

其实，假如改变命运的机会过于渺茫，考中进士就像彩票中头奖，人们反倒会将之视为可遇而不可求的幸运，不会太为它而操心和焦虑。假如你视野之内隔好几年才会有一个幸运儿出人头地，你多半不会觉得自己错过了什么，相反要是从小跟你玩泥巴的孩子现在一个个都出息了，发达了，有头有脸了，宝马别墅了，你就会觉得有压力了，坐不住了。

如今社会普遍存在的紧张和焦虑，恰恰是过去二三十年社会流动性剧增的结果。原本僵化的社会阶层结构瓦解了，动荡之中，人们需要重新寻找自己的社会定位，此时各种机会之门似乎都开放着，全看谁更眼明手快、身手敏捷、拼抢积极了。

这情形让人想起维多利亚时代，中世纪西欧封建制度下，等级森严，社会流动性很低，平民们反倒安于自己的地位和命运。工业革命后，各种新职业新阶层迅猛崛起，新贵大量涌现，原有等级结构再难维系，此时人人都在为自己的身份和地位而焦虑。

旧贵族要标榜他们的古老荣耀，新贵要证明自己配得上刚刚挤进去的那个上流社会，中产阶级也努力成为合格的绅士淑女，这一集体焦虑最终推动形成了严谨、刻板还时常有些虚荣和伪善的“维多利亚道德”的社会规范，这在当时的文学（比如狄更斯的作品）中，被刻画得淋漓尽致。

无论你喜不喜欢，身份焦虑都是推动社会发展的巨大动力，它塑造着人们的价值观和消费偏好，并重新确立社会关系和交往规范。为了在一个更高的地位上立足，证明自己配得上新的身份，人们努力工作挣钱，拼命储蓄，使劲消费。正因为他们对子女未来身份要求更高，也因为他们觉得必须给孩子最好的东西才对得起自己的新身份，他们才大喊养不起孩子了；尽管收入已比老一辈增加了好多倍，而且越是高收入者喊得越响。

理解这种焦虑，进而观察它如何驱动人们作出反应，有助于我们看清他们的经济行为。为何一方面拼命储蓄，而在某些消费项目上却毫不迟疑地一掷千金？为何拥有一套房产如此重要？为何女性择偶如此看重物质？为何供养能力显著提高却不肯生孩子？简单一句“虚荣心”会让你错过重要的东西，任何虚荣，仅当有关文化价值尚未确立时才是虚荣的，价值一旦确立，它就是风格、品位和传统了。

后记

社会流动性大门打开时所出现的焦虑和冲突，（用一个稍显夸张的比喻）有点像皇帝病危而太子未立时所出现的宫廷骚动。很多人都认为自己有机会也有资格，不赶紧动手就晚了，同时却又不知该如何下手，眼看形势一天天发展，害怕自己一着错失成千古恨。

这一局面抬高了每个人的预期，但最终成功晋身者只能是少数（尽管经济增长可以让所有人受益，但心理感受更多取决于相对地位而非绝对水平），那些受阻于门外的人，因为找不出令其信服的理由来解释为何别人成功了自己却失败了，于是先前的焦虑转变为挫败感和被剥夺感，这种感觉可能汇聚为社会不满和骚动。这也是一些国家在经历高速发展和社会转型后，跌入中等收入陷阱的重要原因。[1]

只有当这一过程持续多年，新社会结构下的游戏规则逐渐浮现，关于如何才能在新条件下获得成功，需要哪些禀赋和资源，竞争所遵循的是哪些规范，新结构下各生态位的生活状态是什么样子，留给我的可能性是哪些，是否值得我去拼争等问题的答案逐渐明朗的时候，人们的心态才又平复下来，开始找到并适应属于自己的生态位，新的社会均衡便达成了。

[1] 我在 2012 年 3 月的《以市场化改革跨越中等收入陷阱》（No.3367）一文中，就中等收入陷阱做过更多分析。

身份焦虑也是繁荣的动力

2013-12-28,
No.4889

我从未料到会有这样一本书，它谈论的是美国社会，其中观点却更适用于当前中国社会。保罗·福塞尔（Paul Fussell）1983年出版的《格调》就恰恰如此。他对美国中产阶级身份焦虑的刻薄描绘，至少在今天看来已相当过时，而他所推崇的“另类”生活态度，则随着自由职业群体的扩大和“蜜罐一代”[1]的成年，也早已算不上另类。

倒是在中国，我们随处都能真切感受到他所描绘的中产焦虑：城市白领勒紧裤带只为拥有一套属于自己的房子；对借以彰显身份的消费品牌和时尚元素的追逐近乎狂热；父母乃至祖父母为帮助子女实现中产梦不惜倾囊而出；大学毕业生宁可挤在大城市地下室忍受失业和低薪也不愿接受一份工资高得多的蓝领工作。

中产阶级特别在意别人对自己的看法，所以就过得很累。比如在谈论一件商品或作品时，特别重视那些符号性的元素：它是属于什么风格什么流派的？够不够纯正和正宗？真的是纯手工制作吗？

[1] 蜜罐一代（trophy kids），美国作家Ron Alsop在《蜜罐里的孩子长大了》一书里创造的术语，指出生于1980到2000年间的那一代人，据Alsop认为，这代人从小备受父母宠爱，习惯于被夸奖，自我中心倾向严重。

而不是它们带给自己的直接感受：味道真好，听着真舒服。

因为和直接感受相比，符号更适合用来标示身份。很多人即便在试图显示自己的品位、个性和思想深度时，也要借助某个符号化的名人，因为他们自己实在没什么品位、个性和思想，这一点，看看每本畅销书上都有的腰封就知道了。

不过，尽管中产阶级被福塞尔贬得一无是处，我倒想为他们说几句公道话。首先，福塞尔的描述显然带着严重的偏见，毒舌并不只是他的风格，因为他几乎从不把这条毒舌指向他所划分的最上面那两个等级；而他推崇的另类，用他自己的话说，就是“不需要很有钱的贵族”。

总体上看，中产阶级确实很焦虑，活得很累，而且这确实是因为他们太在意别人的看法。这未必是坏事，只要没有达到病态的程度，这种焦虑也是文明繁荣和社会发展的动力。有些人有着明确而坚定的价值观，可以不依赖外部激励而持续追求自己的目标，但这样的人毕竟是极少数，对于大多数人，努力工作需要一种价值氛围和外部激励。

正是因为在意别人看法，他们才勤奋工作，努力维持一个体面生活，才辛苦攒钱让孩子接受良好教育，以便未来出人头地或至少也过得体面；也正是因为在意别人看法，他们才处处谨慎，精打细算，不去赌博酗酒染上毒瘾，及时归还贷款，不让自己面临失业和破产的危险，以免失去好不容易维持着的地位；也正是对体面的需求，才让他们在当今福利社会中保持着对接受施舍或领取福利的羞耻感。

更重要的是，正是因为在意别人看法，他们才更尊重社会规范，重视个人声誉，小心处理人际关系，谨守习俗和法律。因为道德规范正是在人们相互注视、评价和对交往对象的选择之中形成并得以维持的，所以福塞尔也承认，中产阶级最守规矩也最重视道德——尽管他不认为那是个优点。

焦虑所带来的压力，就像推动生物进化的生存竞争和选择压力，也推动着文明进步，说明这一点的最佳例证是维多利亚时代。从文学作品中便可看出，那时候的身份焦虑同样普遍而强烈，但正是这种焦虑，塑造了极富进取心的维多利亚企业家，积极向上的维多利亚个人主义，严谨的维多利亚道德观，还有理性、克制、富有荣誉感的维多利亚绅士，与之相应的，是人类历史上最漫长的繁荣与进步年代。

当然，焦虑不一定带来繁荣，不同的制度环境会将其引到不同的方向上，对身份与地位的渴求可能激励人们积极创业、努力工作，也可能促使他们去考公务员、攀附权贵、谋求加官晋爵，更多的人会选择哪个努力方向，还要看制度环境所提供的、让人们可以借以向上爬升的社会阶梯中，哪条更宽阔、更易于接近、更有前途。

后记

在社会交往中，人们需要尽可能了解对方底细，以便决定采取何种姿态和策略，将交往引向何种方向与深度，但由于信息条件和认知能力的局限，我们只会将自己最熟悉的交往对象（其数量受限于邓巴数）当作一个个有着独特而丰富个性的人对待，并记住他们和自己以及他们相互间的交往历史，其余只能以简单粗暴的归类或者贴标签的方式处理。

在传统社会，每个人的交往对象很少会超出上述局限，因而有着充分时间和机会去了解对方，若没这条件，则索性不予交往，这是那时候对待陌生人的普遍态度；在现代流动性社会，人们时常会遇到新的交往对象，没有条件知根知底，却又必须交往，这时候，对标签的需求便旺盛了起来。

而且现代人的文化人格更为多面化，单一归类不足以描绘。在古代，从口音和职业更容易猜到一个人许多其他方面，现在却不容易了。一个白领身份无法告诉我你是文青还是科技宅，是金庸迷还是韩粉，是国粹党还是英伦范，是进步派还是保守派。要让别人迅速了解这些底细，必须贴上很多标签，所以为让自己的社交变得更有效，人们也会主动往自己身上贴标签。

豆瓣和微博上常可见到一些 ID 在自我介绍中罗列

一大串标签，甚至挂在头像上唯恐你看不见，不过这种赤裸裸的贴法在日常生活中显得太不优雅了，需要些更婉转含蓄的方式，这时候，各种时尚品牌、明星偶像、情怀大师和腰封天使们便就有了施展空间。

冷却时代的文化禀赋

2012-12-13，
No.4294

一个时代的文化气质，很大程度上由当时处于中间年龄段的人所主导，所以若我们想对二十年后的社会和文化状况有所预见[1]，最直接而可靠的线索，将来自对出生于1985到2005年之间的这组人口的了解，他们的成长背景和社会处境，以及人口的内在结构与空间分布，构成了我们考察未来社会形态的事实基础。

从数量上看，这代人恰好处于年龄段人口绝对数的快速下行段上，这意味着他们将面临日益宽松的资源条件，无论在求学、求职、购房等方面，都将获得父兄辈所腾出的大量资源。当然，这一过程也将伴随着非人力资产的贬值，但因此而受损的是那些资产组成中非人力资产占了多数的人，而对整个社会，资源压力将大为减轻。

空间上，除非发生根本性的制度变革，特别是土地和社区治理方面的制度变革，人口从乡村向城市尤其是少数大都市集中、从中西部向东部迁移的趋势，在这20年中仍将持续，留在本地的人口也将沿交通网络的层次结构向上流动，这意味着村庄将继续大批消失，甚至非宜耕地区的乡镇也将减少，县城虽可维持规模，但人口

[1] 本文是为《21世纪经济报道》一个名为“2030年展望”的大型专题所写，故将分析背景设定为2030年的中国。

组成将被村镇移民所替换；而在东部沿海特别是北上广三大都市区，城市将连接成片，市区与郊区的边界将日益模糊。

社会结构上，这代人绝大多数不会选择务农，也基本上没有从事农业的经历，尽管其中许多在农村出生和长大，但很少会选择在那里安家；尽管眼下那里还有个老家，但随着祖辈的故去和父母辈进城，这些农村老家也将逐渐消逝，到那时，乡村生活将成为他们的遥远记忆，农业将只是一个产业、一门生意而不再是一种生活方式，乡村也只是观光休闲的去处。

资源压力放松的最直接后果是社会竞争强度的降低，人们将把更多的注意力和资源放在享受生活和追求自己所喜爱的事物上面，而不再需要像他们的父祖辈那样苦苦谋求生计，也更少为在一个陌生而不确定的社会中确立自己的地位和角色而焦虑，他们的心态将更加平和，或许在他们眼里，父兄们活得实在太累了。

这一转变不仅是因为社会压力的放松，也体现着从传统向现代的社会转型完成之后自然结果；在转型期，社会结构剧烈动荡，人们突然进入一种陌生的社会环境，需要在其中建立新的生活方式，为自己寻找新的位置，建立新的社会关系、身份认同乃至消费趣味，同时，眼看许多人白手起家成功发达，似乎自己也有众多机会，却又不知该如何把握。

所以转型总是伴随着高度的个人焦虑和社会紧张，对于整个社会，转型仍在继续，然而对于新生代，这个阶段已经过去；解除社会焦虑将从根本上改变人们的行为模式，最显著的表现是，人们将更多地“为自己而活着”，而在焦虑的驱动下，人们做许多事情的时候，常常自己也不知道这是为了什么，只知道别人都这么做。

因为当你在一个陌生环境下必须从头建立自己的生活方式而又不知该怎么做时，最自然的选择就是模仿别人和跟随潮流，所以正如我们看到的，在转型期，人们在消费行为上表现出明显的一窝蜂、扎堆攀比和千篇一律的倾向。在一个镇上，富人们买的车常常都是一个牌子，盖的房子都是一个样子，装修风格也很雷同，甚至抽的烟、喝的酒、听的歌也都一样。

那些年，每隔一阵就会突然掀起一股攀比风，攀比的对象无奇不有，盖房子、买车、养狗、包二奶、品红酒。一群之前丝毫没有表现出艺术趣味的人，会突然之间变成音响或摄影的发烧友，在他们嘴里你常听到的是“这个很时髦、很流行、很新潮、很有品、很in、很有腔调、很有范儿”，却唯独听不到“我很喜欢、我觉得不错”。

最有趣的是，甚至当人们想努力表现出个性时，也不知该怎么办，只好一窝蜂地去追捧和模仿某个他们认为很有个性的偶像，或者给自己装点上一些据说会让你显得很有个性的符号；不仅消费行为，在教育、职业选择、择偶偏好、抚养子女的方式和标准等等涉及整个生活安排的方方面面，人们都在迷茫中急切地追问：怎样才是合适的？而答案将从模仿和步调协同所产生的潮流中浮现。

这一阶段即将告一段落，当然，变化仍将继续，而模仿、攀比、潮流仍将是文化演化的基本途径，但转型期的高压一旦释放，演化将以更常规的节奏进行，新生代看待生活与工作的态度，他们的偏好、价值观和行为模式将更为多样化，而被追捧和模仿的偶像和权威的地位也将被削弱，特别是在社会竞争压力不再那么巨大时，人们无须再因为自己和别人不一样而担心无法在社会上立足。

不过，上述对比并非暗示某种高下优劣之分，实际上，除了由生存繁衍本能所直接驱动之外，偏好和价值观总是来自模仿、习得和协同，那些完全偏离了生物本能和文化渊源的偏好，通常会被视为离奇古怪变态而不会获得赞誉。

当你认为自己“发自内心地真正”喜欢某种事物或热爱某项事业时，这种偏爱并非如某些人所认为的那样，是从内心凭空而来的，事实上并不存在这样一个可以凭空产生偏好的“内心”，之所以让你觉得那是“真正属于自己的”，或许只是因为进化已将它们植入你的本能，或者你在童年时期便已从文化中习得。

也就是说，这些偏好和价值同样是习得的，不过是在早期无意识的习得罢了，因而没有让你感觉到是在模仿别人和跟随潮流，相反，当面临陌生环境的成年人不得不刻意地去模仿和跟随他人时，他们（以及旁观他们的人）才感觉到活得太累，是在为他人而活。粗俗点说，当第一代白领品尝红酒时，他们可能是在装X，当他们的子女们也开始品尝红酒时，他们是在品味文化和延续传统，是在满足“自己的”爱好。

压力松弛和焦虑解除的后果，除了改变消费行为之外，同样会表现在创业、艺术、科学等活动上。由于新生代更少需要为生计而担忧，更未品尝过受冻挨饿的滋味，他们在从事这些活动时会较少受直接功利性考虑的影响，也较容易摆脱父母亲友的期望、旁人的评价和主流价值观的束缚，更多价值上的自主和自信。

这将有利于这些领域内专业价值观的形成，这也是我们在西方文化经历中所看到的情况。所谓专业价值观，就是将某项专业技艺——诸如下棋、表演、艺术创作、科学发现——本身视为终极价值，而不去考虑它们能带来别的什么好处，这种价值观在一个人人为生计而发愁的贫困社会是很难存在的，过去乃至现在，我们常听到人们问：这能当饭吃吗？

另一个因素也可能强化这一倾向，即婚姻和家庭的瓦解趋势，单身和晚婚者的增加也将推动专业价值观的扩张。在西方，社会变得像如今这么富裕之前，许多科学家和艺术家都是单身的，这是因为非功利性的事业追求与养家糊口的需要是对立的，在生存压力减轻之后，女性将更有能力单独抚养孩子，同时，婚姻关系变得越来越不稳定将进一步诱使男性远离婚姻，转而寻求短期关系和非婚姻的养育模式。

不过，价值多样化、更加自主的创造性活动、基于专业价值观的事业追求，种种这些都需要一个宽松自由的制度环境，在可见未来恐怕难以获得，所以，尽管新生代中有此追求的人将大量增加，却很难在现有制度条件下去付诸实践，因而移民潮仍将延续，不会因为国内生存压力减轻而逆转，相反，生存压力减轻反而让人们对创造性活动和它所需要的自由空间产生更强烈的需求。

为下一代文化确立基调的另一个因素，是城市化所带来的流动性和社会结构变迁，越来越多人将生活和工作在非出生地，他们与之交往并在其中形成文化认同的群体，将从亲属、邻居、发小、同乡，转变成同学、同事、同好，亚文化的区分将更少受血缘和地理关系的限制；大都市区以下层次的地方文化将日趋消失，除粤语之外，非官话系的小语种正加速灭绝，而同时，白领阶层将拥有更多英语人口，这样，今后的亚文化将在阶层和领域之间垂直分化。

如此形成的多层次文化结构是广度不对称的，越向上层越少受地理局限，对于个人而言，摆脱地理局限而进入某一亚文化的能力，将取决于教育程度、英语能力、跨地区更换工作和居所的能力，以及利用互联网的能力和深度。很明显，在所有这些方面，新生代比上一代都有很大的优势，所以，我们有望看到一个在地理上更加统一，而同时在阶层、事业领域和兴趣面上更多垂直细分的文化结构。

需要强调的是，尽管西方的现代化经历可以为我们展望未来文化进程带来一些提示，但我们正在经历的，远远不是一次类似的重演，其中差别，除了制度背景和城市化的速度之外，更重要的是社会转型与人口逆转的叠加。欧美国家在完成转型之后，人口增长仍持续了很长时间，而且许多国家生育率从未降到替代水平之下，而在这里，转型与人口逆转同时发生，其后半段将与关键年龄段的人口缩减期重合，这恐怕是史无前例的，与日韩的经历也只是稍稍接近。

所以，我们尚缺少历史经验来预料这种人口局面下的文化走向，不过猜测起来，这样一个冷却时代的社会，大概会有一种宽松温和的、具有保守倾向的文化，况且当前的制度环境也不大能够容纳更活跃、更激荡、更富进取性的文化。而同时，始终敞开着的移民机会，也会将那些不甘现状、更富创造力和冒险精神的人不断排挤出去，这恐怕是一个人们从未想象过、但如今不得不准备好去面对的局面。

后记

我为下一代文化所选择的关键词是“冷却”，并指出冷却的首要原因是人口逆转，但同时又说人口压力的松弛将使人们不再为生计所困，因而更有可能追求多样化的生活和从事一些创造性活动。这个说法可能造成一种误会：以为我是在说，人口压力减轻或人口减少总是会带来更多创造性活动。[1]

并非如此。实际上，只要技术进步足够快，人口增长未必导致劳动边际产出率下降从而将经济拖入马尔萨斯陷阱；而即便处于马尔萨斯陷阱，良好的产权保护和社会分层结构仍可维持相当水平的创造性。只有在技术进步缓慢，产权又缺乏保护时，才会出现像近古中国那种程度的持续内卷化：绝大多数人口挣扎在生存线附近，工具不断被人力取代，分工和贸易不断向自给自足退化，各种代表着文明繁荣的要素纷纷消失。[2]

我的判断所针对的，正是现代中国的这一特定处境，认为人口转型正在将它从马尔萨斯陷阱中拉出来，逆转长期持续的内卷化，而不是一个普遍结论；从更大时间

[1] 本文所说的创造性活动，专指能够创造财富的生产性活动，不包括为抢夺资源而相互奴役或杀戮，此类活动也可以很有创造性，但不具有生产性。

[2] 关于马尔萨斯陷阱和近古中国的内卷化情况，我在“铁镕与秧马”（No.3460）一文里曾有所介绍，我在人口主题上写过其他许多文章也多有提及。

跨度看，人口持续减少当然会降低社会的活力和创造性，只是在短期内，由于以往人口高压已将生活水平压得极低，因而有着太多尚未被满足的欲望，足以为一代人的创造性活动提供足够旺盛的需求。

第七章

城乡

历史上，城市曾扮演过许多角色。它首先是便于防卫的聚居地，而防卫是财富积累的前提，否则物质繁荣便受限于携带能力。当社会等级分化加深，巨额财富出现，生产和生活日益依赖昂贵设施与工具时，便有了对城市的需要；设防城邑也可为统治者提供一个可靠据点，据以控制周边领地，从中索取贡赋和搜罗物资。

另一方面，城市也是交通和贸易网络自发演化的结果。道路交会的地方，自然会吸引更多商家来做生意，而商业繁荣反过来会强化其作为交通枢纽的地位。正因地处要冲，城市也往往成为军事争夺的目标，被选为军事和行政中心，从那里可方便地对贸易征税，调度本方的军队和物资，保护自己的供应通道，必要时切断对方的供应。

一旦安全性和枢纽地位吸引来众多居民，城市继而成为各种须以密集人口为前提的活动的聚集地：需要靠近消费者的制造业和服务业，需要众多观众的大型表演和比赛，面向大批听众的传教布道者，希望赢得众多追随者的革命家，无不被城市所吸引。

尽管有这许多功能，但古代城市的规模十分有限，主要限制是运输成本。成本高昂的古代运输手段，使多数商品在离开产地几百公里后价格已翻了几倍，只有极少数商品值得被长途转运，多数商品的有效流通半径不出百里，此半径内的总人口最多只能支撑数千人的小城市，更大规模城市只能由比例极低的大跨度贸易支撑。

从供应面看，一座大城市的生活必需品，特别是粮食和能源，也须来自其有效流通半径内的剩余产出，该半径同样受限于运输成本，加上古代的劳动生产率水平下粮食生产自给之余的剩余率很低，因而城市规模很少能达到百万级，个别例外都是借助强大的国家机器将流通成本强加于沿途民众而实现的，所以这些古代超级都市一旦丧失首都地位，便迅速萎缩衰败。

在古代，只有百分之几或十几的人生活在城市，而今天，城市已成为多数人的家园。它越来越有资格作为社会的代名词，现代性之集大成者；城市化也是现代化的主要内容之一，现代之区别于传统的大部分方面，在城市比在乡村都表现得更鲜明。

上千万人口的现代都市所带来的消费多样性和个人发展机会是前所未有的，它吸引着世界各地的人们涌进城市，即便在现代化的其他方面不太成功的那些地区，城市扩张也毫不落伍。而在早已完成现代化的发达国家，城市化也仍在继续，从 1980 到 2010 年，美国城市化率又提高了 7 个百分点，前十大城市的总人口增长了 18%。

驱动城市扩张的基本动力是密集人口带来的规模经济，它支撑了更精细的分工与专业化，和更复杂的合作、生产和组织形式。假如一种商品需要在十公里半径内存在一万消费者才可能被生产，那么在百万人口的大城市里，只需 1% 的人需要它就够了；而即便在人口最密集的乡村，也要绝大多数人需要它才行。

规模经济也体现在配套优势上。在大城市，你更容易为一种生产凑齐全部材料，为组建一家企业而雇到全套专业人才，为涉及上万种零配件的复杂制造就近找齐所有配套和外包厂商，并在法律、公关、广告等事务上随时找到专业服务者，而且所有这些方面都存在众多相互竞争的供应方任你挑选。

城市也改变了我们的文化。在那里，你每天都可能遇到说不同语言，有着不同文化背景，信仰不同宗教，持有不同价值观和政治立场的人，有着你所难以理解或接受的喜好。成长于这样的环境，将减轻我们对陌生和差异的恐惧，对异己者变得更为宽容，也不再像乡村居民那样喜欢窥探他人生活，警惕和监视邻人的举动，这些变化，让人们享有了更多隐私和独立性。

但这也会带来问题，因为城市人更少关心和谈论邻人的观念和举止，相互间的道德压力和舆论约束大为削弱了，同时家族对其成员的自我约束也不复存在，因而失去了传统小社会赖以维持社会规范的主要力量。这就需要某种社区自治机制或者外部司法体系来确保社会秩序，但这两个条件都不是轻易能够满足的，实际上往往满足不了，所以城市犯罪率普遍高于乡村，许多街区甚至被黑帮所控制。由于城市居民之间缺乏传统的关系纽带和组织资源，更不容易由下而上实现自治，因而更倾向于寻求外部秩序来源，也正因此，国家父爱主义和政府干预总是在大城市更受欢迎，在美国，大城市从来都是主张大政府和干预主义的左派政党的票仓。

这一点也是现代都市与古代城邦或中世纪商业城市的重要差别。在中古欧洲，城市是住民自治的典范，那时城市的流动性不像现在这么高，市民常世代居住在同一社区，保持家族纽带，从事与父辈相同的职业，每个行业都有自己的行会；众多行会为市民自治提供组织基础，香港代议机构的功能界别模式，便是行会自治的孑遗，如今已是日薄西山了。

现代人在享受城市之丰富与便利的同时，也为此付出了不少代价。拥挤、污染、忙碌、焦虑，尤其是高昂的房价和各种不可避免的基础性开支，就像一张高价门票，迫使你必须努力挣钱才能继续留在那里，况且城市还有那么多诱惑，诱使你为出人头地而奋斗，而即便你安于朝九晚五，通勤负担也会剥夺你的大部分闲暇。

或许正是高价门票和渴望成功所造成的压力，让都市人对生儿育女心存畏惧；城市向来都是人口黑洞，需要不断吸引移民才能维持其人口。在古代，这是因为密集居住令传染病死亡率在城市远高于乡村，而在现代，则是因为城市居民生育率远低于乡村，因而城市化过程总是伴随着生育模式的变迁和人口走势的逆转。

因为有这种种问题，并不是所有人都喜欢城市，总有些人把悠闲轻松、贴近自然、田园乐趣、邻里互助等只有乡村才有的东西看得更重。20 世纪正值欧美城市化高峰之际，一波波回归乡村的运动也连绵不绝，以新镇（new town）运动为代表，许多意趣相投者联合起来，按其理想中的社区环境和生活方式创建自治村镇。

这些新兴村镇，并非对传统乡村的简单回归，而是在对现代生活进行反思之后的主动建构。人们聚集到一起共同建设新家园，是基于对生活方式的共同偏好和对自治规范的认同，而不是因为恰好出生在那里；维系他们的纽带，不是血缘，而是共同兴趣、文化认同、社交倾向和自治组织。在城市中，通常也是这些因素将他们吸引到同一个沙龙、俱乐部和协会里。

随着交通工具的进步，互联网服务和网络购物的发展，乡村生活的潜力已大幅提升，对于那些偶尔才需要用到城市资源的人，如今身在乡村也可享受现代生活的大部分精彩；未来或许会有更多人前往城市，但乡村看来不会消失。

春运人潮的未来走向

2011-12-30,
No.2344

年复一年的春运又将来临，整个交通体系又将经历一次高压考验。多年来，总有人把春运洪流所带来的紧张、拥挤、劳顿、混乱，视为这个社会的一项痼疾，总在处心积虑寻找治愈它的良方；也不乏有人认为自己已找出治疗方案，不过这些方案是否真的可行，是大为可疑的。

尽管交通系统的规划者和交通业的运营商会考虑春运需求，有些长途客车运营商甚至把春运作为主要或头号目标市场，但整体上，交通体系不可能按春运峰值需求来调整产能和配置资源。这么做太不经济了，只有大规模政府补贴或强制性计划经济才可能实现，市场是不会达到这种状态的，所以从供给面看，春运的压力恐怕是不可能消除的。

那么从需求面呢？一种观点认为，构成春运洪流主力的是返乡民工，由于城市的种种排斥性和歧视性制度，他们很难在工作所在的城市安家落户，在文化上也缺乏归属感，所以仍把自己当家乡人。他们在家乡盖房买房、娶妻生子，与家族和家乡社区的纽带仍牢牢维系着，人生的重大环节和各种仪式性过程，也都在家乡履行，这样，过年回家的需求自然十分强烈，简言之，这是城市化不彻底的结果，农民进城打工但没有真正定居下来并融入城市社会。

这一观察是准确的，问题是，这种状况的改变，是否会减轻春运压力？我看不会。假如打工者在城市定居下来，他们与家乡的传统纽带会逐渐松弛，但他们与父母兄弟姐妹的家庭纽带却未必会随之而松弛，只要节日家庭团聚的习俗仍在，并且家庭成员异地居住的状况仍然普遍，那么春运人潮便不会消退。

在城市定居下来的新移民，或许过年不再返乡，但为了团聚，就需要邀请父母兄弟前来过节；或者，他们已经把年老的父母接来城市居住，因而在春节不再需要返乡，但既然他们的父母已经老得需要投靠儿女，他们自己的子女就很可能也已长大并在异地上学或工作。所以无论哪种情况，只要家庭成员异地居住并在春节团聚的普遍性依旧，春运人流量就不会改变，改变的将只是流动结构和方向。

当然，结构变化对交通产业也会产生深远影响，目前典型的人口大省与劳动密集型产业聚集区之间方向明确的往返人潮，将被方向更随机的流动所替代，宏观上的方向性将趋于弱化，这是好消息，将让交通资源的负担分布变得更均衡。

但同时也有坏消息，城市化将使得人们在节日前往团聚的那个“老家”——通常就是父母的居住地——的位置在地理层次结构上逐渐上移，这样，春运负担将更多地分布在交通网络的上层节点之间，也就是连接各大城市的干线上。

尽管有些家庭会选择在子女家过年，但至少在目前，多半家庭仍会选择回父母所在的老家。因为过年不仅是家庭团聚，也是人们维系传统关系网络的重要机会，对于大部分人，父母的居住地也是他长大的地方，是他的亲戚、邻居、儿时伙伴、同学和老师们目前或曾经生活的地方，这些人即便已不在当地居住，在春节也很可能回到那里，因而这样的时间和地点构成了一个无须约定的最佳聚集场合。

当然，这一习俗在大量家庭转移到大城市之后可能会被削弱，因为在大城市，即便在春节这样特殊的日子，遇到你希望遇到的人的几率也远远低于乡村和城镇。不过这一削弱并不会降低人流量，只是改变了其方向。随着城市化的推进和深化，这些“老家”正随世代更替而逐渐从村移向镇，从镇移向县城、地级市，乃至大都市。

特别是，由于私人缺乏取得土地的途径，缺乏自我组织社区和自我治理的机会，农村空心化十分严重，中国的城市化具有向中心都市集中的强烈倾向。随着农村老人的故去和投靠子女，正在发生的城市化下半场，将目睹大批乡村的全面凋零；相应的，交通人流也随之而大规模向上层转移，干线压力在今后会变得更加沉重。

在未来将给春运带来更多压力的两个因素是教育程度的提高和社会流动性增长。接受过更多教育的人，更可能选择远离父母和家乡的工作，同时，随着市场化的深入和社会分工的精细化，包括劳动力在内的要素配置将变得更灵活多样，大跨度的再配置也会更常见——这一点从大公司雇员来源日益增长的多样性中不难看出——这两点都会增加家庭成员的居住分离度，因而扩大春节团聚的人流量和平均奔波距离。

后记

根据皮尤中心2008年的一份报告[1]，该年有12%的美国人更换了住所（这还是60多年来的最低值，40到60年代这个数字高达20%）；截至当年，63%的成年人至少更换过一次居住城市（即只有37%的人从未在家乡以外居住过），其中43%在两个或更多州居住过，23%出生于美国的人认为现在所住的地方不是他“心目中的家乡（heart home）”。

中西部农业区流动性最低（54%更换过居住地），西部沿海最高（70%）；上过大学的，这个数字是77%。另一个数字则体现了流动性与社会结构之间的深刻关系：从未离乡的人，距离其住所一小时车程以内，平均有8位扩展家庭成员[2]，而对于离乡者，这个数字大约是3。

这些数字很好地展示了一个城市化高峰已过去两代人之后的现代社会的人口流动面貌。

---

［1］见 http://pewsocialtrends.org/files/2010/10/Movers-and-Stayers.pdf。

［2］扩展家庭（extended family）是指一对夫妻加上他们的已婚子女（及其核心家庭）所组成的二级家庭。

从名校生源看农村空心化

2011-08-08,
No.2012

最近，清华大学几位学生做的一项调查经媒体披露后，引起了广泛关注。调查显示，2010 年清华新生中来自农村的只有 17%，而同期全国考生中的该比例为 62%。同时，北京大学及一些独立机构和学者的研究结果也反映了类似的趋势。对此，许多人惊呼教育资源分配严重不平等，名校成了贵族学校，高考这条曾经少有的为寒门子弟敞开的社会上升途径，如今也濒临关闭了。

实际情况或许没有这么严重和悲观，且不论各方所采用的统计方法是以何种口径区分农村和城镇生源的，他们的关注焦点似乎过于集中于清华北大等个别名校了。从专业机构麦可思的 2009 年毕业生统计看，在全部重点大学（即 211 百校）范围内，其中农村毕业生比例接近 60%，和全体考生中的农村比例只差两三个百分点，而不是清华报告的 45 个百分点。当然，这里有五年的时间差，但五年时间似乎不足以将差距拉到这么大。

教育资源的分配不均等当然是毋庸置疑的事实，但这只是整体上贫富差距、资源和社会机会不均等的一个侧面。在以前，不仅大家都很穷，而且在改善高等教育资源的竞争地位上，金钱起不了多大作用；而现在，随着中小学质量差距的拉大和择校机会的开放，财力和权力成为重要竞争优势。与此同时，高考作为社会上升的独木桥地位却下降了，90年代的市场化改革让农民子弟有了比以前广阔得多的改变命运的机会。在成本收益的这一变动趋势下，回避代价和风险高昂的名校独木桥争夺战，选择其他更有把握也更容易负担的道路，是穷人的理性选择。二三线高校的学费虽也不低，但挤进重点中学的代价则要高得多。

名校中农村孩子的减少，或许反映了过去二十年城乡变迁中一个更值得关注的事实：城市化吸干了农村的绝大部分精英，导致了农村的严重空心化。

无论过去还是现在，那些有利于将其孩子送进名校的资源和个人禀赋——影响智力和学习热情的遗传因素、看待知识和教育的积极态度、良好的家教传统、力争上进的劲头和决心、财富和权力、社会关系和地位——也全都有利于将这些父母自己送进城市，在最宽泛的意义上，这些就是精英。现在，这些人已差不多都进了城市，其比例远超出城市化率本身。

当然，工业化和城市化总会在某种程度上导致农村空心化，但由于我们的农村缺乏土地权利，缺乏地方自我组织和自我治理的机会，没有发展事业和施展才华的空间，无论在经济上还是其他方面，使得那里的空心化更加极端和彻底，其结果有目共睹：精神生活日益空虚和粗俗，文化和道德沦丧，治安恶化，也丧失了抵御黑社会和地方官吏欺凌压迫的任何能力。

改善农民和农村的恶劣处境，应着眼于从制度上开放和保障他们更多的发展和上升机会，包括土地权利、自由迁徙和择业、自由竞争教育机会，也应向市场开放迄今绝大部分由国家垄断的教育资源，而不应要求政府对教育资源进行平均化分配，这种头痛医头的主张是目光短浅的。

经验已一次次告诉我们，将资源集中在政府手里得不到均等分配的结果，相反，目前的教育资源分配不均等，很大程度上正是因为它是被国家垄断的。在担忧穷孩子进不了名校之前，不妨先帮助他们获得上民工子弟学校的机会，不妨先确保那些在艰难条件下苦心经营的民营学校无须时刻担心被驱赶、清理和关闭的噩运。

后记

更一般地看，农村空心化是社会精英沿着城市网络的层级阶梯向上汇聚过程的一部分，推动这一汇聚的力量，就像一部巨大的抽水泵，在吸干了乡村精英之后，将继续吸干城镇、县城和中小城市的精英，使得整个社会最具活力的部分日益汇集到少数几个超级都市中。

这种程度的抽吸汇集，固然印证了都市的规模优势和文化吸引力，但也暴露了社会体制中的两个深层问题:首先，由于政府控制了多数关键资源，使得整个资源配置结构显著同构于行政层级，最好的学校、医院、研究机构、媒体、出版社、演出场馆，都集中在北上广深等中心城市；众多需要“跑部钱进”的企业，也都倾向于将总部设在首都。

其次，由于缺乏自治所需要的制度条件，难以发展出有活力的地方文化，因而吸引不了对文化环境、精神生活和社会交往有着较高追求的精英和年轻人。有关都市的优势我已说了很多，但并非所有人都喜欢都市，都将这些优势看得比其他追求更重要，所以只要制度条件允许，乡村社区和中小城市总是存在发展空间。

在美国，像西雅图这样排名二十开外的中等城市，可以拥有波音、微软、亚马逊、星巴克等跨国巨头，巴菲特一辈子安居于只有几十万人的三线城市奥马哈；以创新能力著称的3M所在城市只有三万多人，其中一万多是3M雇员。这些企业要是在中国，就不得不挤进中心都市，否则就不可能吸引到它们所需要的优秀人才。

传统家庭农业即将消亡

2012-07-09,
No.3557

随着一年比一年严重的用工荒，劳动成本迅猛增长，人口逆转带给城市和工业的后果已展露无遗，现在，是时候将目光转向它的另一面：它带给农业的冲击波尚未到来，但已近在眼前了——一个显著的事实是，如今农村已很少见到40岁以下的青壮年还在种地，所以摆在眼前的问题便是：今后20多年当这些人逐渐老去时，还有没有人种地？他们会是谁？将以何种方式种地？

今天，尽管还有五六亿人家在农村，但真正种地的最多只有1.8亿，按18亿亩的总耕地面积，已接近传统家庭农业人均耕作能力的上限。而按目前趋势，未来十几年农业劳动力将以每年一千多万的速度减少，并且年龄结构日益老化、体能日益下降，隐藏于传统农业中的剩余劳动力已经被城市化吸干，此后将开始短缺。

实际上，这一短缺趋势之所以现在才开始表现出来，是因为70年代有一个异乎寻常的人口高峰，它以单年龄段的庞大人口弥补了农业劳动力年龄轴上的狭窄分布，这代人现在已接近或超过40岁，这也意味着，接下去的短缺浪潮将以非常迅猛的速度扑来。

假如目前趋势延续，二十几年后就没人种地了，但很明显，这样的趋势不会延续。果若13亿人的粮食自给率从目前的90%下降几十个百分点，全球粮食价格将成倍上涨，很难相信如此暴涨的价格仍不能吸引一些人去生产粮食。真正的问题是，农产品价格和农业劳动报酬涨到多高，才能吸引大批现在的年轻人重新回到农村、从事农业？

具体数字很难预测，不过可以肯定的是，下一代新农民的收入一定会大幅高出他们的城市同龄人，才会有足够的吸引力。年轻人大批离开农村涌入城市，起初是为了寻找工作，但进入目前的城市化第二阶段后，动机已经改变，即便城市找不到理想的工作，即便农村有足够的耕地，他们也不愿留在农村，因为此时农村已经空心化，传统社会结构瓦解，文化上失去了吸引力。

所以，要将新生代吸引回农村，需要一个很高的溢价，作为对他们忍受文化低落感的补偿。而溢价的高低，取决于城乡文化吸引力的落差，空心化程度、发展事业和实现个人理想的机会、获得成就感和建立声誉的机会、基于价值观和兴趣发展人际关系的机会、建设自治社区和重建乡村文化传统的机会，都将是决定文化落差的因素。

在美国，上述溢价超过30%，即农村家庭收入平均比城市高1/3，才为农业吸引到了一百多万个家庭，而且这些家庭的大部分收入都来自非农业领域，这意味着美国农民的生活和经营都非常丰富和多样化。相比之下，中国农村的前景要差得多，无论是生产经营方面，还是文化精神方面，重建乡村生活都面临更多障碍。

首先面临的是价值多样性的缺乏。中国社会历来没有容纳多元价值的传统，一旦城市文化所代表的价值占据主流，所有人都趋之若鹜；在美国，一方面城市突飞猛进日新月异，同时却有大量保守教派几百年来始终避开城市喧嚣，坚持古老简朴的农业生活传统，这种情况在中国实在难以想象。

其次是土地制度和营商环境。假如未来农业能以高额溢价吸引来新农民，它绝不会是传统家庭农业，这样的溢价必须以远高于目前水平的单位劳动产出率为基础，那就意味着更大的农场面积，更高的机械化水平，更复杂更有深度的经营模式。而所有这些，都将对涉及土地流通、用途变更、契约与交易形式创新、投资与经营活动的制度灵活性和市场自由度提出高要求，而当前的制度与政策环境，尤其是土地制度，显然难以容纳未来的经营性农业。

最后，要让新生代农民感觉到新农村是一个值得在那里安身立命和长期生活的地方，不仅自己能发展人际关系和享受各种现代便利与文化产品，也能为他们的孩子找到好的学校，获得足以让他们融入现代社会的成长环境。必须赋予他们建立学校、医院、图书馆、俱乐部等社区公共设施并从中获得公共产品的机会，只有当他们能够按自己的意愿组织和建设社区时，才会把那里当作自己的家。

后记

除了深厚的乡村传统和地方文化，美国农业的持续兴旺还得益于另外两个因素：美国有许多倾向于乡村生活的保守教派，特别是再洗礼派的阿米绪人（Amish）和胡特尔人（Hutterites）[1]，他们不仅坚守农业和传统生活方式，而且有着极高的生育率，因而美国农业在很长的未来都不必担心后继无人。

其次，美国是个移民国家，乡村被城市所吸走的人口，不断得到来自相对贫穷地区的移民（特别是拉美移民）的补充。但在中国，我们看不到与这两个因素类似的东西。

[1] 我在大象公会发表的两篇文章“一个德治社会如何可能”（No.5208）和“最成功的共产社会在美国”（No.5162），分别介绍了阿米绪和胡特尔社会。

贫民窟与城中村

2013-01-15,
No.4469

提起贫民窟（slum），许多人会心生反感，媒体更惯用“脏乱差”来形容它，同情者为其居民的糟糕处境得不到救助而鸣不平，城市当局则更多地为其人员混杂、卫生状况恶劣和犯罪率高企而头疼，甚而斥之为城市毒瘤，每欲除之而后快。无论哪种立场，都认为那是异常的、不幸的、需要改变的状况。

然而，经济学家托马斯·索威尔（Thomas Sowell）在《美国种族简史》中为我们讲述了一个十分不同的故事：贫穷、拥挤、肮脏，只是贫民窟的表面特征。通过研究历史，索威尔发现，美国东海岸大城市的典型贫民窟，都是新移民进入主流社会的跳板，在他们适应新进入的社会的缓冲期中，提供了一个他们能够负担得起，也能够从中得到文化支持的避难所。

支持这一判断的有力证据是，这些贫民窟的人口组成始终在有规律地变化更替着。比如曼哈顿东南的“五角地”（Five Points），19 世纪中期因爱尔兰移民大批涌入而成为贫民窟，后来爱尔兰人在立稳脚跟、处境改善之后，陆续迁出，从房客变成房东，新来的东欧犹太人成了房客。这种模式反复出现，接着是意大利人接替犹太人，然后是来自南方的黑人，再后来是加勒比黑人和波多黎各人。

既已适应现代都市生活的人可能难以理解，来自农村的新移民太需要这样一块跳板了。生活的所有方面，从语言、生活习惯、待人处事的方式，到价值观、遵循的伦理规范、评价个人品质和能力的标准，传统乡村社会都与都市截然不同，新来者若得不到熟人的支持和帮助，既难找到工作，也难与当地人融洽相处。

所以如我们所见，移民在新到达的城市都喜欢投亲靠友、聚族而居，无论在租房子、找工作还是处理人际纠纷时，都依靠先来者的支持。这样，他们实际上把原先所习惯的社会关系和文化结构部分搬到了城市，在这块传统社会的飞地上，他们能说熟悉的语言，买到熟悉的商品，借到钱，结识朋友，找到配偶，还有属于自己的教会。

更重要的是能找到工作。由于最初很难适应城市职业的技能、作息和管理要求，也缺乏信息，更难以获得雇主与客户的信任，因而贫民窟常有老移民为他们充当包工头和中介人，或代替雇主管理这些工人，或把活儿揽过来分给他们，或开办兜揽外包业务的小作坊。这些包工头和作坊主常被不明就里的扒粪记者丑化为血汗压榨者，殊不知，他们是引导提携新移民进入都市社会的向导。

在许多方面，国内大城市的城中村都与索威尔介绍的美国贫民窟很像，尽管进城者不是海外移民，但以中国地域之辽阔，文化差异之大，城乡隔阂之深，城市新移民所面临的融入障碍并不亚于美国移民。初来乍到之际，他们同样依靠老乡亲友同学而获得落脚点，结伴而居以相互支持，同样需要原有人际网络寻找工作或经营生意。

不过，还有一种城中村有所不同，比如温州人在北京南郊建立的浙江村，是由家族和同乡纽带结成的商人群体聚居地。以家族等传统社会关系为纽带而建立人脉、筹集资本、组织分工、扩展商业网络，也是温州商人的传统特色，这很像过去的犹太商人集团。与贫民窟相同之处是，它们都是借助传统社会关系资源来克服进入现代市场时所面临的障碍。

现代市场是高度流动性的，因而无论做生意还是找工作，所凭借的资源都需要满足非人格化的要求，而不能依赖于特定的人际关系和对个人的熟知，比如大学毕业证、注册会计师证、医生开业执照、房产证明、银行信用记录、业内知名度、品牌信誉，拿到哪里都会被认可，但这些资源往往是新进城者所缺少的。

相反在传统社会，他们所拥有的信用资源和人力资本往往只在特定关系中才被认可，比如家族声誉、师徒关系、邻里口碑、江湖义气等。这些资源脱离原有人际网络便不受认可，这就恶化了新来者的处境。解决办法是将他们在其中建立这些资源的那个传统社会扩展延伸到城市而建立飞地，直到在那里站稳脚跟，才逐渐摆脱对这些传统资源的依赖。

通常这一过程会持续两代人，而良好教育条件和就业机会将是推动和加速融入的重要因素，但这一过程也可能被制度障碍所打断。假如适合于流动性社会的市场制度始终不能建立或千疮百孔，或者城市总是为新移民设置各种准入障碍，或者政府用福利主义政策将暂时处于困境的移民包养起来，从而令其困境长期化，那么，贫民窟倒真可能从跳板和桥梁变成一个丧失活力和没有希望的死水坑。

五角地的黑人社区似乎已经历过这样的悲剧，黑人在贫民窟滞留的时间远远长于之前的爱尔兰、犹太和意大利移民，而这一情形恰与罗斯福新政、民权法案和战后美国福利制度的大幅扩张同步。但愿这样的故事不会在国内重演。

后记

移民脱离其城市飞地而融入当地社会的速度，取决于所在社会本身的开放性和流动性。假如它缺乏带来开放性的整套制度元素——普遍的人身与财产保护，促进要素流动与组合的市场环境，移居、通婚、教育和经营生意等活动的自由，宗教与文化宽容——融入便可能受阻。

一个极端的例子是中世纪欧洲城市的犹太人，因为被剥夺了从事大部分产业的权利，也被隔绝在所有社会地位上升通道之外，没有迁居自由，犹太人长期被封闭在本族社区之中，成为游离于主流社会之外的边缘群体。许多古代社会都有一些这样的边缘群体，比如欧洲的吉卜赛人、日本的部落民和华南的疍民。

现代社会的等级与身份藩篱多已松动瓦解，但仍有一些妨碍融入的因素，并不断制造或延续着边缘群体，其中有些是现代特有的。其一是治安，假如治安太差，移民就更不敢脱离本族社区和同乡庇护，久而久之，移民会按来源地分成帮派，近古台湾的福建移民社群便是如此。在发达国家的非法移民社区，由于移民不敢寻求警察帮助，也有类似状况。

其二是福利制度，它让身处边缘群体的人不必努力了解、适应和融入主流社会，也可以过得很自在，这样他们就可以长期躲在本族群体内安享福利而不必为生计发愁。

其三是政府对一些需求旺盛的产业的禁止或严厉管制，为边缘群体提供了一条广阔财路，而且利用这些机会牟利的前提，恰恰是存在一个隔绝于主流社会、因而不受司法系统控制的群体。

落脚之后

2013-11-12,
No.4694

中国的城市化已进入后半段，在经历了前半段的大规模人口迁移和城市扩张之后，后半段将更多地表现为结构性变化：农业在失去了大多数劳动力并放弃大量低价值土地之后，将如何向新模式转变？城市将如何对其全新的人口结构作出反应？城市新移民和他们的子女将为自己建立何种生活方式和社区文化？

这些问题的答案将在很大程度上塑造未来数十年的社会面貌，而其结果又将高度依赖于制度所能提供的机会。然而，有关城市化的诸多争论，多半是站在城市规划者的立场上，描绘着他们心目中的理想城市，很少有人关心和了解推动着这一进程的移民对城市的需求和他们从城市中得到的机会。

在《美国种族简史》中，经济学家托马斯·索威尔为我们讲述了贫民窟如何成为新移民进入现代城市主流社会的跳板；贫民窟的同乡和家族聚居模式，如何为尚未适应城市社会的新移民提供关系、信息和信用资源，以及物质、精神和文化上的支持，帮助他们获得就业和经营机会、积累财富和经验、适应城市文化，最终争得晋升中产阶级的能力。

在《另一条道路》中，另一位经济学家赫尔南多·德·索托

（Hernando de Soto Polar）则进一步指出，贫民窟要发挥如此作用，须满足一些制度条件：移民必须有机会对他们事实上占据的土地和房屋取得合法、正式、明确且可转让的财产权，必须有机会方便地进入就业市场、从事交易和经营生意，这意味着全面解除发展中国家普遍存在的对土地产权与流通的限制和对小生意的种种管制。

索威尔和德·索托的书都出版于20世纪80年代，在那之后二十多年的全球经济繁荣中，许多新兴国家都经历了一轮势头迅猛的城市化浪潮，这为检验他们的观点提供了极好机会。加拿大记者道格·桑德斯（Doug Saunders）2010年出版的《落脚城市》便是这样一次实证考察，该书基于一项为期三年的对全球二十多个贫民窟的实地调查，其结果完全可以用作前面两本书的注脚。

当然，桑德斯的工作不只是个注脚，他为我们理解移民社区（即桑德斯所称的落脚城市）如何发挥跳板作用提供了许多新的启示。比如居住密度的重要性，许多政府规划的改造项目之所以失败，就是因为规划者按自己的中产口味将移民社区设计得过于宽敞稀疏，过于强调私密性，打破了对移民至关重要的同乡聚居格局。

穷人的一个特征是活动半径小，尽管他们可能走很远的路去上班，但因为缺乏闲暇和交通工具，其消费和社交范围都比中产阶级小得多，因而落脚城市的一大功能——维持原有的社交网络和关系资源——只有在高度密集的居住环境下才能起作用。而在优雅宁静的低密度小区，在邻居很少见面的带电梯高层公寓楼里，都是难以维系的。

另一个常被规划者忽视的因素是商铺比例，这往往是出于一种陈见，认为移民进城就是来打工的，对他们经营生意的潜力不屑一顾，甚至将这些小生意视为混乱和肮脏的来源而加以压制，殊不知，落脚城市的企业规模虽小，却构成了其经济活动总量的很大部分，也是这些社区得以良好运转、移民获得生活便利的主要依靠。

实际上，落脚城市的经营机会非常丰富，因为移民的消费半径小，居住密集，而且保留了大量原有的消费习惯，还有许多该阶层所特有的消费需求，因而他们的多数消费只能在社区内得到满足，而这些消费要得以实现，密集居住和高比例的商铺空间是必要前提，因为对于活动半径很小的穷人，只有高度密集才能形成有效的消费规模，才能促成分工。

更重要的是，经营小生意也是移民提升社会地位、晋升中产阶级的主要渠道，也是已经站稳脚跟的老移民为他们新来的老乡亲属提供落脚点的主要手段。假如这一渠道被切断，落脚城市这部社会流动性引擎就丧失了其核心功能，假如移民没有机会通过小本经营来提升其社会地位，就会从其他方向寻求出路，而那通常是政治出路，然而和市场出路相比，政治博弈未必是双赢的，常常是零和的甚至双输的。

从桑德斯所列举的案例中可以看出，当移民有机会自发建设自己的落脚社区时，他们总是能形成符合自身需要的密度和结构。这些自发性社区的主要问题是基础设施不足，因为往往当基础设施问题浮现时，居住密度已经太高而难以改动了，这也常给政府提供了“脏乱差”的借口实施干预和改造，然而除了极少数案例，这种改造的结果总是破坏性的，即便其初衷是友善的。而另一方面，假如移民拥有完整的财产权和组织自治社区的机会，事实上总是会想出办法通过小修小补的渐进方式来改善基础设施。

后记

德·索托在理论上的一大贡献是区分了财产权的两种形态：一种是人格化的财产权，依赖于特定社会关系情境，其确立和具体边界只得到该情境中有关当事人的认可，需要其主人时刻在现场亲身捍卫，其价值无法被该社会情境以外的第三方所评估和认可，因而也无法被转让，因为一经转手可能就变得一文不值了，用我的术语说，就是缺乏流动性。

第二种是资本化的财产权，其权利边界被清晰描述且得到司法系统明确认可和保护，因而其价值不会因为更换主人而消失。只有这样的财产权，才能作为流动性资本要素进入市场体系，被配置到最能发挥其生产力的用途中，从而将其价值最大化。现代市场制度正是在将大量财产权转变为资本的过程中，创造出了巨大财富。

在德·索托看来，第三世界许多都市贫民区里便存在大量此类土地财产权。新进城农民在郊区自行占据的公共土地常得到政府默许，在身处同一社会情境中因而熟知内情的人之间也存在有限的买卖，但由于其人格化特征，无法用来向银行贷款，也无法引入外部资本进行商业化开发，因而其价值远远低于潜在市场价值。

其实类似区分（尽管性质不尽相同）在人力资源和信用资源上也可发现，对工作能力的认可是高度情境依赖的，除了像视力臂力等最显明的那些，你很难向一位陌生人证明自己的能力，所以当一些广受认可的等级考试和资格证书得以让能力中的一些方面获得流动性之后，人力资源的市场价值便大幅提升。尽管大家都知道这些认证只证明了能力中的极小一部分，这恰恰展示了资本化在价值创造中的威力。

簿记和会计制度、质量检测与评级机构、企业信用评级、个人信用记录等制度元素，在生产资源和信用资源资本化的过程中起了类似作用，正是众多此类（法律的或私人的）制度元素构成了现代市场体系，任何经由资本化而得以进入该体系的资源，其价值都将得到提升。

第八章

文化

生物学家道金斯为我们提供了看待文化的两种视角，从个体角度看，文化就像数量庞大的一组延伸表现型[1]。人类创造的服饰器具就像蚕茧和蛛网，建造的宫殿城堡就像蚁穴和蜂窝，农耕在地表留下的印迹就像河狸筑坝对河流的改造，驯养给动植物带来的改变就像昆虫在宿主植物表面造成的瘿瘤，或者寄生虫对蚂蚁行为的操纵。

蜘蛛织网用来抓虫子，人类的各种创造物同样也是追求自身目标的手段，其成效同样影响我们生存繁衍的前景，因而同样接受自然选择的考验。不同的是，指导蜘蛛织网行为的指令，是以基因的形式编码在遗传物质中，而指导人类创造活动的指令，则多半以观念的形式编码在我们头脑中，因而可以在个体生命期中获得和改变。

指导人类活动的观念，有些是从个人的观察和试探过程中获得的。正确有效的做法，在得到可意结果因而获得神经奖励之后，便固化成为经验。但观念更多的是从别人特别是父母兄长那里学来的，通过观察模仿他人做法，或听从他人指导而尝试，或仅仅

[1] 延伸表现型（extended phenotype）是进化生物学家理查德·道金斯（Richard Dawkins）在 1982 年的《延伸表现型》（*The Extended Phenotype*）一书中提出的概念，指遗传编码不仅表达为个体性状和行为模式，也表达在个体之创造物和对环境之改造上，甚至表达在其他生物个体的性状和行为模式上。作为有机体生存繁衍策略的组成部分，后两种表达（即延伸表现型）与前一种有着同等地位，同样由遗传编码所操纵。

倾听他人的陈述解说，皆可习得新观念。

因为观念可以如此在个体间传播，群体内会形成一些观念上的共性，群体间则表现出差异，即所谓文化特性。语言的出现极大促进了观念传播，也使得观念世界变得极为丰富，更重要的是，作为一个符号系统，语言分离了符号和意义，从而彻底改变了观念的表征和传播方式：基于语言的观念习得，仅靠一对一的示范模仿已不再可行，必须借助一个社会化过程。

当你观察他人如何编织渔网时，可直接加以模仿并在头脑中形成指导编织行为的观念；而当别人向你讲解如何织网时，你得到的只是一串语音符号，其意义（即，就影响你的行为而言，那意味着什么）只能从其他途径获得。当然，讲解者可以为你解释一些陌生词汇，甚至交给你一本词典，但终究需要你预先掌握一组基本词汇和句法。

可是，给词汇（特别是基本词汇）下定义是非常困难的，严格说来，一个词的定义就是它曾被用于其中的全部场景和上下文，包括使用者在这些场景中的动机和意向，以及他们希望在听者头脑中唤起的观念。同类场景的同类表达需要，经由协调博弈而汇聚到某个词汇或句式，这些显然无法被一对一的传递，学习者只有被反复置于类似场景中才能习得。

实际上，人类儿童学习语言时，既不依靠词典，也无须别人为他讲解基本词汇和句法，甚至根本没人意识到句法的存在。对他来说，每个词汇的含义，每个句型的用法，便是他在听到它们时头脑中所唤起的全部场景和意向，以及它们之间的关系。

当文化中越来越多的部分以语言为介质而被表征和传播时，语言便成了文化的主要载体，传播不再只是个体之间的点对点交流，文化逐渐变得更像是一个自我积累和扩散的系统：一个最初产生于个体的新观念，唯有经语言表征，并植入所在群体的口述传统，才可能长远流传，否则便当即挥发了。因为表征此一观念的语句，脱离该口述传统是没有意义的。

这样一个以语言为载体，独立于特定个体而自成体系、自我维系的知识系统，被卡尔·波普称为“第三世界”[1]。由于语义诞生于且始终关乎于现实场景，因而该知识系统总是具有某种客观性。文字的发明让第三世界变得越发非人格化，书面材料让知识可在极大的空间和时间跨度上传播，逻辑、数学、人工语言等形式系统的出现，也让第三世界变得更具客观性。

上述发展造就了人类一大独特性，假如我们将生命个体想象成机器人，指导其行为的是一组在受精卵形成之际被刷在遗传物质里的程序，那么对于像昆虫这样行为刻板的生物，这些代码终身不变；对行为较灵活的哺乳动物，部分代码会随个体经历而有所改变；而对人类，整套代码被分成了两部分：一部分仍刷在遗传物质里，另一部分则在成长过程中从文化系统中下载。

如此一来，（用信息业界的时髦术语）文化系统就像一项云服务，任何新生个体（就像新出厂的电脑裸机）只要插在上面，就会自动

[1] 哲学家卡尔·波普（Karl Popper）将现实物理世界称为第一世界，将个人头脑中的观念世界称为第二世界，将编码在语言和其他符号系统中、独立于个体头脑的知识系统称为第三世界。

为自己下载一份操作系统和一组应用程序，并给自己安装上。我们知道，电脑裸机是做不了多少事情的，同样，没安装任何文化的个人算不上一个健全的人，表现不出人所应有的特性和行为，也无法在社会正常生活。

这项云服务是双向交互的，个人不仅从中获取特性与功能，也为其贡献内容，而且这一互动在个人整个生活史中始终持续着。个人之人格是否健全，禀赋是否优秀，生活是否成功，香火是否兴旺，皆有赖于其所安装的文化软件之功效。和电脑软件不同，文化软件的安装不是简单拷贝，更像是个体在一个特定序列的刺激之下自行编码的过程，其质量随天赋（即预装的那一半代码）和际遇而不同。

对于个人，这便是文化之意义所在。不过我们还可以从道金斯所提供的另一个角度看待文化：它是一种以人类头脑（或书面介质）为载体，通过口耳相传（或其他复制机制）而扩散的模因（meme）系统。模因就是寄生于人类头脑、参与行为调控过程的观念，就像基因参与生理过程一样。

头脑容纳某些模因，可能是因为它引出了有利行为，因而获得神经奖励而得以保存；但模因并非总是对容纳它的个体有利（请允许我暂且将个体利益等同于个体基因组的利益），因为基因组设计的神经奖励机制并非无懈可击，相反有许多可能被滥用的漏洞，正如有些药物可以让大脑错误地以为个体做成了某件好事（比如获得异性的青睐），有些模因也可能让其宿主错误地以为自己获得了某种成就，赢得了赞许、社会支持，提升了社会地位和安全感。

所以，尽管文化对个人如此重要，让我们获得生命代码的另一半而成为完整健全的人，但并不能确保这一半代码的组成元素全部或总是忠实服务于个体利益。因为这些代码并不与基因组分享同一条复制通道，而平等共享复制通道乃复制因子之间团结一体精诚合作的前提，基因组正是在找到了确保这一点的适当细胞分裂机制之后，才实现了最终创造出我们的紧密合作。

可以想象，模因之间或许也可能达成某种合作并创造出类似于有机体的东西。假如一个孤立群体的文化元素之间密切配合而结成一体，跨越个体生死和世代更替而保持同质性（正如个体在细胞不断更替的同时保持同一），随群体分支裂变而增殖变异，或吞并其他群体而在文化上加以同化（就像动物个体吞食并消化其他个体），假如这样的文化有机体（即所谓第三世界）能够帮助其所寄生的群体增殖或征服其他群体，从而让自己（及其所包含的模因组）被更多地复制，那么它确实就有了一些有机体的特征，如此看待它或许可以让我们更好地理解文化。

像蚂蚁蜜蜂这样的真社会性动物，其巢群可以团结得像单一个体，便是因为除后虫之外都（至少暂时）失去了生育能力，因而整个巢群的基因复制通道只剩下一条。人类个体仍保有生育能力，基因复制通道仍在个体间分立，被集体化的是模因复制通道，因而人类之社会性体现在文化层面上；于是个人有了双重角色：既是独立个体，又是社会细胞。

当然，模因和基因有着全然不同的复制、变异、交换和组织机制，因而上述有机体隐喻尽管能带来些启发，但也有其危险，在对模因的特性有更多了解之前，还不能走得太远。

语言演化不可阻挡

2012-08-31，
No.2344

商务印书馆6月份出版了《现代汉语词典》第6版，其中收录了二百多个“NBA”之类的常见英文缩略词。近日，一百多位学者就此联名向新闻出版总署举报，指控其违反了《国家通用语言文字法》。该版词典的发行，也让央视恢复了NBA的叫法，此前，为遵守广电总局的规定，央视在两年时间里只能用“美职联”代替NBA。

许多英文缩略词早已为大众耳熟能详，广电总局的突兀规定，曾给播音员和观众都带来困扰和不便。新版词典的发行总算让忍受了两年别扭的人们获得了解脱，如今却又横生枝节。百位学者联名举报的行动，据说是为了“捍卫汉语纯洁性”，可是他们却从未论证，为何“汉语纯洁性”具有值得捍卫的价值。就算你们认为它很重要，又如何证明它构成了一项公共利益，以至于需要动用国家机器和司法系统来加以捍卫。

如同时尚风潮、市场分工交换体系、蜂窝状的定居点与道路格局，和许多其他文化结构一样，语言也是一种哈耶克所称的自发秩序，就是说，不需要有人有意识地去设计，它便能从人际互动过程中自己涌现出来。研究表明，人的语言本能十分强大，只要让一群人长期生活在一起，只需一两代人的时间，便能自动协调出一门新的语言来，足以应付交流所需。

因为语言本身就是人际互动和协调的产物，它天然地具有针对环境变化而做出适应性调整的能力。一种新现象的出现，起初人们可能找不出恰当的词汇和句式来表达，可一旦有人找到一种贴切生动的表达方式，便会在交流环境中迅速扩散，广为模仿和采纳，新语义、新词汇、新句式，便如此诞生了。

一些具有语言天赋的人，或者名人、作家、主持人等占据了传播网络中关键节点的人，有着特殊的机会来进行这种创作和传播，不过，更多见的情况是，根本无从考究一个新词或新用法是如何被创造、扩散、衍生，而最终确立其语言地位的，通常是一个由众多不知名小人物所参与的创造过程，起初并没有人预见到后来所产生的效果。

当然，运用国家权力，通过义务教育、推行统一教科书、编纂经典与词典、让国有媒体控制关键传播节点等等措施，是能够对语言的自发演化进程施加干预的，正如政府也能对市场机制进行干预；在某些方面，这些干预甚至还取得了一些算得上正面的效果，比如通用语的建立和普及，在国家范围内确实便利了交流。

不过，要产生这样的效果，干预措施必须顺应语言自发演化的趋势，通过提供参考方案推动本已存在的协调和交流过程，而不是与之抗拒；但实际上，由于主权民族国家固有的封闭性，它往往在境内促进协调的同时，却在国与国之间树立起新的藩篱，而且比起地理和族群屏障来，这种国家藩篱要坚固得多。

而且，国家屏障的建立，往往是以强行消灭地方文化、消除文化多样性为代价的，而自发协调则是众多个体自由选择的过程。因为每个社会和族群中总有一些偏僻角落，也总有一批文化保守主义者，因而往往会在融汇的同时保留下更多有价值的地方文化元素。

所以，尽管在中世纪末期民族国家崛起的过程中，国家对语言的干预曾经起到了加速突破地区隔阂、便利交流的作用，但近代化以来，尤其是当今全球化时代，这种干预作用变得越来越负面了。随着全球化的继续深入，网络传播的影响扩大，将日益暴露出它的迂腐顽劣与不合时宜，其施加干预的方式清楚地显示着它阻碍交流的意图和效果。

后记

语言这么复杂精妙的体系竟然不是由一个睿智而富有远见的权威所设计，并始终处于不受任何权威控制的永恒演变之中，这一事实让一些人赞叹不已，也让一些人觉得不舒服。总有些浑身学究气的“语言行家”试图告诉人们一个词的正统含义和正确用法[1]，也总有些

[1] 被斯蒂文·平克称为 language mavens，他在《语言本能》第 12 章里专门谈了这一现象。

自封的权威或政府部门出面“规范”大众的语言。

然而和语言的自我更新能力相比，这些努力对语言发展的影响微不足道，这一点从众多词语的讹变历史中便可看出。比如成语，按理说成语之为成语，即在于其意义之固化，但就连成语也免不了讹变的命运。“朝三暮四”原本是说猴子太笨不懂三加四等于四加三，后来变成了反复无常；“指鹿为马”丢失了“用明显瞎话筛选脑残粉”的意思，只剩下颠倒黑白的意思；“空穴来风”本来是说“局部低气压会引来气流”，意思是留下口实容易招惹流言蜚语，结果变成了“毫无根据的捏造之辞”。

呆若木鸡、炙手可热、退避三舍、逃之夭夭、一毛不拔，都已不是最初的含义。大体上，含义较为曲折、意思不容易从字面猜到的成语，都容易发生讹变。

世界杯：民族激情的焚烧炉

2010-06-18,
No.720

世界杯所激起的巨大热情是个奇特现象，自从电视普及以来，它已成为四年一度的全球盛宴，一场牵动数十亿人的神经，打破他们平静生活的漫长狂欢。仅仅用人们对体育运动的喜好是难以解释这一现象的，事实上，投入这场狂欢的人群中，许多人并不喜欢足球，平时也很少看球，甚至看不懂足球，更别说踢过足球了。

而在真正懂球的球迷眼里，或许欧洲五大联赛和冠军杯的比赛水平更高，也更好看：从专业角度讲，这也是理所当然的，相比那些有任务才临时召集起来的国家队，职业俱乐部能够跨越国界搭建最优秀的团队，有着更连贯周密的训练计划，更多的实战配合经验，更从容的状态调整空间；而国家队中，除了巴西阿根廷这样的顶级豪门之外，很难组建和调整得像冠军杯参赛队那么全面、均衡而专业。

但两者在吸引观众的表现上却恰好相反。2006 年德国世界杯平均每场收视人数达到 5 亿，而同期冠军杯即便重大比赛收视人数也不过一两千万，差了一个数量级。造成这一反差的，无疑是民族激情的巨大号召力。如同奥运会一样，世界杯是展示民族符号，宣泄民族激情的一场盛宴，人们挥舞国旗、高唱国歌，把手捂在心口，把国旗颜色投射到球衣上，涂抹在脸庞、胸口、三角肌乃至屁股上。

在每一种文化中，民族激情都是如此容易被激活，而一旦激活便成为影响集体行为的压倒性因素，这背后必定有着牢固而普遍的心理基础。这一基础，大概源自于人类狩猎采集时代的团伙和部落对抗——在那个漫长的时代，作为基本社会单位的部落常由拥有血缘关系的数十上百个家庭组成，其中成年男性组成团伙出门打猎或掳掠其他部落，构成了其工作和生活的主要内容。

因而对于男性来说，在团伙中成为好战友，甚至好首领，便意味着有更多机会分得战利品（其中最重要的自然是掳得的女人）。为此，他们发展出了许多适应性能力：勇敢、忠诚、服从、坚忍、领会、沟通、组织、计划、指挥等，而其中一项独特的能力在日后有着深远的影响，即借助某些外在特征迅速识别敌友并作出适当反应的能力。

一个好战友，是那种能被共同的文身样式、出征前的舞蹈和鼓点、挥动的图腾、冲锋的号角、战友的吼叫激起强烈斗志的人，也是能被来自敌方的类似信号激起怒火和仇恨的人。并且，这些反应必须与底层的情绪系统绑在一起，必须表现出难以遏制的脸红心跳气喘，因而不可避免地会导致实际的战斗行动，才是可信的。

很明显，民族国家的那套符号就是部落战斗符号的现代翻版：国旗源自旌麾，国徽源自图腾和盾纹，制服源自文身发式等身体装饰。然而，尽管它有着古老的心理基础，但民族激情本身却是近代的产物。民族，既不是血缘集团，也不是文化和语言集团，它是近代主权国家崛起过程中，国家权力所能达到的边界；而所谓民族性，是既已崛起的国家凭借权力为这一虚拟部落所拟构的符号体系。

在文艺复兴前的欧洲，没有英语、法语和西班牙语，在日常生活中，只有拉丁语、日耳曼语、凯尔特语和斯拉夫语的各种方言，而在学术和大跨度交往中，只有希腊和拉丁这两种世界语。是民族国家借助印刷术、统一课本和义务教育，创造和推行了民族语言，对上取代了拉丁语，对下消灭了方言，同时，官方的历史和文学编纂，为民族创造了共同的神话、历史、英雄、恶魔、苦难、经典、圣地和纪念日。

尽管部落是虚拟的，但构建民族的努力却是非常成功的。通过语言和文化的改造，国家成功地把这套符号体系植入了人们的集体记忆。这一成就，已经成为现代国家创建制度、推行政策、实施控制和对外交往的基础。然而，民族激情在赋予国家以统治能力的同时，也成了战争与杀戮的催情剂，在它的强大驱动力之下，未明世事的青年们毫不犹豫地涌向征兵站，去杀死那些所谓的敌人，仅仅因为后者佩戴着另一套符号。

今天，当人们涂满油彩击鼓鸣号涌向球场时，其情绪、姿态、装扮和队列，与古老的部落战斗是何等的相似啊。幸运的是，那里只有号角，没有枪炮，只有欢呼，没有杀戮，而最终将他们放倒的，不是子弹，而只是啤酒。或许我们该庆幸，当初被从潘多拉盒子里放出的这只妖精，如今被关进了竞技体育场这个笼子里，驯化成了无害地取悦于我们的宠物。激情在此燃烧，却不会去推动那部危险的引擎。

后记

在国家权力开始建构民族认同之前，文化的分异和认同，如同语言和血缘群体的分异一样，是连续渐变的，除了那些亲缘很远只因迁徙而杂处的群体之外，很难划出清晰的边界。语系 – 语族 – 语支 – 语种的层级关系是语言学家的武断规定，被视为同一语种不同方言的语言之间的差异，可能比同一语族两大语支的差异还要大。

用马克斯·魏因里希（Max Weinreich）的话说：所谓语言就是拥有陆军和海军的方言。所以民族并不对应一条文化和语言的自然边界，民族边界的范围取决于民族国家能将其文化控制力延伸到多远。近代以来民族国家的崛起，实际上反映了印刷术、国民教育、官方教科书和国家传媒等文化工具，赋予了国家更强大的文化控制力。

在民族国家以前，国家并不依赖于民众的文化认同，封建君主由层层契约关系维持政权，而大型帝国则只需在其统治阶层（文官和军官及其候补群体）内维持认同即可。所以在古代，无国家地区或封建体系中，文化分异仍是连续渐变的，而在帝国中，大众文化是地区连续分异的，上层精英文化则是统一的。

帝国为在文化高度分化的广阔地区实施统治，创造了像希腊语、拉丁语、阿拉伯语、汉语官话这样的通用语，但仅限于上层，民族国家同样在其权力边界内创造了通用语，但凭借更强大的文化控制机器，将其推行于全体国民。

瀑布与汲泵

2014-05-28,
No.5153

人们在评价一个社会时，常把阶层间的流动性作为一个重要指标，认为适当的流动性是一个健康而有活力社会的应有特性，它可以为奋斗、进取和各种创造性活动提供动力，让身处下层者不至于丧失希望而产生反社会倾向，也让身居高位者不会过于安逸乃至腐化堕落。

在观察社会流动性时，一个最常用的指标，是当前的成功人士（其衡量标准无非是财富、权力、身份和影响力）中，有多少是出身寒微者。假如这个比例相当高，就说明出身寒微的孩子凭借天赋、努力和运气，很有希望跻身于比他父母所在的更高阶层，这样的社会就是富有流动性的。所谓美国梦，说的便是美国社会为此类进取和发达提供了远比其他社会更广阔的机会。

但其实我们还可以从另一个方面观察流动性，看看上一代的高地位人群中，其子女有多少跌落到了比他们父母更低的地位。正如向上爬升的机会是一种激励，向下跌落的风险同样也是一种激励。它激励身居高位者做出种种努力，设法让后代和自己一样享有优越条件和高地位。实际上，在许多传统社会，阶层间流动性往往更多地表现为后一种。

经济史家格列高利·克拉克（Gregory Clark）在 *A Farewell to Alms* 一书中，通过对保存于教堂的数千份遗嘱的研究，发现中世纪英格兰社会的主要流动方式正是第二种。立遗嘱者的幸存子女数量与其遗产数额高度相关，遗产最多那组的平均子女数（4 个）两倍于遗产最少的两组（1.8 个），后者明显低于人口替代水平。

其他来源的研究也印证了这一点。在黑死病前后共四百年历史中，普通英格兰男性的平均存活儿子数在替代水平（1.0）附近波动，黑死病期间显著低于替代水平，而国王一级封臣的儿子数平均达 1.8 个，即便在黑死病高峰期也维持在替代水平之上；从土地拥有状况看，13 世纪 70 年代拥有土地的人，70 多年后，其中最富裕者全部有后代继续保有土地，而最贫穷者只有 1/3 仍有后代保有土地。

这些数字意味着，中古英格兰社会的流动结构是瀑布式的，贵族子弟一部分（通常是长子）继承了父辈的地位和主要财产，另一部分只继承少量财产和相应较低的身份，逐级向下流动，最底层的家系则逐渐消亡，其地位被跌落下来的上层子弟所取代。在克拉克看来，这一模式主导着工业革命前的古代农业国家的社会流动。

然而，那些工业革命以来经历了工业化和城市化并实现人口转型的社会，流动结构已完全颠倒了过来。在当今欧美国家，收入与社会地位越高、受教育越多，生育率就越低，而且这一差距近年来仍在迅速扩大。在 2000 年，美国最高收入组的生育率是最低组的 69%，到 2010 年已降至 56%；在有些发达国家，教育程度最高的女性中，一半以上完全不生孩子。

这样一来，这些社会的上层便成了一个人口黑洞，但与此同时，人们努力向上爬的动机并没有削弱，于是社会流动结构变成了汲泵式的，其长期效果是，上层不断将下层中的精英分子筛选泵吸出来，随后又在遗传意义上加以消灭。这样的局面在人类历史乃至整个生物历史上都是前所未有的，它完全逆转了对遗传特性的选择压力。

这样的逆转，对于我们社会的价值取向、文化氛围和制度发展，将意味着什么呢？通过消除原先那个稳定的顶层，它或许会（或者已经？）削弱社会的保守倾向，因为顶层原本只有流出很少流入，起着文化和传统的积淀作用，而逆转之后，积淀将发生在底层，这将导致一个死气沉沉、越来越看不到希望的、其规模却在不断膨胀的底层吗？

这一逆转，也意味着社会失去了一个财富的自动再分配机制，原先上层的向下流动也伴随着财产的分割，即便长子继承制也不能完全阻止财富向下流动。逆转之后，上层所积聚的财富不再随继承分割而扩散，结果财富会越来越多地堆积到上层，但同时，越来越多富人不再将全部遗产留给子女，这样，积淀在顶层的财富将不断转移到各种信托基金和法人机构的控制之下。

这些只是容易看见的，更多更重大的变化，恐怕只能等待时间慢慢将它揭晓了。

后记

长期的封建制历史造就了英国的贵族传统，许多贵族都可将特权地位不间断地向前追溯好几百年。比如哲学家伯特兰·罗素（Bertrand Russell，第三代罗素伯爵）的爵位传自16世纪的贝德福德伯爵约翰·罗素（John Russell），生物学家马特·里德利（Matt Ridley）的爵位起自1756年，当前第31代马尔女伯爵的爵位则至少可上溯至1114年。

相比之下，帝制时代的中国有着更高的社会流动性，缺乏贵族传统，科举取士、军功受爵、仕途爬升、买官捐爵，为平民提供了许多上升机会，尽管通道不算宽敞。多位现代学者曾在研究了历代进士榜单、官员名录、地方志名人录和家谱等材料后，发现古代中国除皇族之外父子相承连续保持高位的情况确实不多，很少超过三代。[1]

不过，假如将条件放松一些，仍可发现上层地位对中国家族的长期利益。此前研究没有发现，可能是因为这一利益主要不是（像英格兰贵族那样）表现为高地位的直系连续传承，而是以一个人的发达使得整个家族受益，使其人丁兴旺，改善经济和教育条件，因而能够持

[1] 人类学家许琅光在《祖荫下》附录五中对这方面研究有一份很好的综述。

续将其成员送入仕途，推上高位，反过来又荫及家族。

正文提到的格列高利·克拉克在 2014 年新书 *The Son Also Rises* 中，介绍了对江南若干小姓氏的研究（选择小姓氏是因为其亲缘关系容易得到确认），发现那些在清代科举中成绩显著的家族，其优势到 1952 年之后的高考中仍可得到辨认。

文化的融合与分化

2014-03-25,
No.5017

随着贸易和产业的全球化，文化也在全球化，尽管人员流动比货物运输成本更高，语言障碍也比商业壁垒更难突破，但全球文化的一体化过程却正在稳步推进。跨国公司、大型传媒和流行影视作品在其中起着重要的媒介作用，越来越多的人在喝着可乐、看着美剧、说着英语，也自然引起一些人对强势文化排挤甚至消灭地区文化的担忧。

类似过程也在像中国这样的地方差异极大的国家内部发生着。随着城市化、人口大规模流动和长途交通的大幅改善，地方文化正在迅速消失，普通话即将消灭大部分汉语族小语种；川菜和火锅已征服全国，兰州拉面、沙县小吃和武汉鸭脖也已随其流行而丧失地方性；与此同时，更多地方性的菜肴、器物、服饰、词汇和习俗则正在逐渐被遗忘，对此也有不少人扼腕叹息。

在《创造性破坏》一书中，泰勒·柯文（Tyler Cowen）以经济学家的眼光考察了全球化对文化多样性的影响，并回应了上述担忧。他指出，开放和自由贸易在消弭和削弱不同社会间文化差异的同时，也大幅增加了各社会内部的文化丰富性。全球化确实在将世界文化融为一体，但这个整体所包容的文化分层、亚文化、小众爱好、消费品类、艺术门类、专业化程度，其多样性和丰富度是任何传统社会都无法比拟的。

从个人选择机会的角度看，这两种多样性的不同意义就很清楚：各自封闭的社会远看着五彩斑斓，但生活于其中的个人并未因此而有了更丰富的选项。中国据说过去曾有三百多种戏曲，但每个地方的人能欣赏到的，恐怕只是其中一两种。

在高度封闭的传统社会，这种地区间多样性仅仅对极少数富贵人士才有意义，比如由家庭教师陪着花几年时间游历欧洲的英国贵族子弟，或者将大量光阴耗费在优哉游哉的赶考、赴任、返京和丁忧旅途中的中国士大夫，长途跋涉前往圣地作战的十字军骑士，还有少数常年奔波于主要商路上行商。

相比之下，当今任何一个中等城市的美食街上，都能吃到比过去贵族游历天下数十年所品尝过的更多菜肴、小吃和酒类；传统戏曲号称有上万剧目，但大多数戏迷能看到的，翻来覆去也就几十种，而且故事情节多数老套雷同，而今天你只要愿意，每天都能找几部新电影来看，找几张新唱片来听。

对照生物界可以更好地理解这一点。有两种生物多样性：一种是由地理隔绝造成的，比如长期孤立的澳洲大陆有着与欧亚迥异的生物区系；另一种是在单一区域内基于比较优势，通过策略分化、分占不同生态位而形成的，著名例子是非洲马拉维湖的数百种丽鱼，都是过去十万年内由同一物种辐射进化而来，其间并没有地理隔绝。

因封闭隔绝而造成的地方文化，并不是因为当地人有多喜欢而得以保留，而是因为过高的流通成本或制度壁垒让他们没有其他更好的选择，因而这种多样性也是非常脆弱的，一旦技术变化大幅降低流通成本，或者制度壁垒瓦解，就会导致大灭绝，正如澳洲物种曾被来自旧大陆的入侵物种轻易消灭一样。

那些在更大范围竞争中赢得一席之地的物种，对所在生态位有着更好的适应，因而对该生态位的占据也更牢固。同样，在一个充分竞争的大市场中赢得受众基础的文化产品将有更强的生命力，生产它们的作家、艺术家、表演者也更有创造力，因为他们的受众有着更多选项。

传统文化的地域性，使得它总是以捆绑式套餐的方式提供，个人很难对各组成要素分别作出选择。你住在四川，就只能说四川话、吃川菜、看川剧；而在现代开放社会，你可以在工作时说英语，朋友聚会说普通话，回家说吴语，工作日吃麦当劳，约会吃法国餐，请客吃火锅，在家自己做淮扬菜吃。在生活的不同侧面，可以置身和享受不同文化。

当我们观赏《国家地理》的纪录片，或翻看人类学资料，赞叹各民族文化的千姿百态，感受其丰富性时，不要忘记，其实我们是站在上帝视角俯视。作为旁观者，我们才有机会将异国风情和古风旧俗作为日常生活之外的调味点心来品尝，真正生活于其中的人们不会有这种感受，相反，他们多半一有机会就会迫不及待地逃离这些封闭文化。

后记

对文化多样性的直觉评价，常会出现比较错位所导致的认知偏差。比如有人说，我见过形形色色的古代建筑，可平时看到的现代建筑却大同小异，以火柴盒居多。问题是：你是从哪里看到形式多样的古代建筑的？旅游时，纪录片里，还是《古代寺庙建筑图集》？这些建筑是同一个时代的吗？

这些信息来源可远远算不上“平时”，假如你展开一次现代建筑之旅，或者看几部现代建筑纪录片和图集，感受到的多样性会和平时一样吗？反过来，一个古代普通人，在日常生活中能看到多少种建筑呢？就算他有机会四处旅行，能看到比一个现代大都市更多样的建筑吗？

打开谷歌地图，找到任何一个欧美大城市[1]，转动鼠标滚轮，花上十几分钟，便可轻易感受到现代建筑的丰富多彩。这些多样性就在我们身边，活生生构成我们生活环境的一部分，只要用心留意，随时可以看到，它们不是花了上千年才积累起来、纪录片摄影师走遍全球才苦心搜罗来的古代文化遗产。

[1] 其他城市的建筑物影像可能未经三维矢量化处理，其外形结构不容易看清楚。

市场与蚂蚁：创造复杂性的两条途径

2010-10-22,
No.967

在上一篇里[1]，我从亲代投资角度对真社会性（eusociality）起源做了些分析，从中不难看出，生物建造有机体乃至抚育后代以传播所携带基因的勾当，与企业家组织资源建立企业最终产出产品的营生着实相似，其中的成本 / 收益 / 风险算计和策略权衡，皆遵循着类似的逻辑。现在我们再看看市场环境中的企业和自然环境中的有机体处境有何不同。

常听到有人对 evolution 一词被译作“进化”颇为不满，认为该词暗示了某种方向性，而实际上并不存在这种方向性。不过，我倒不觉得这种译法有何误导性，尽管一度流行的爬阶梯式单向线性进化思维确属无稽，但以整个生物界而论，随着时间推进，有机体复杂性之上限确实是不断提高的，从这一意义上说，进化确有某种方向性。

而这种方向性，恰是进化的最迷人之处。无论上帝是否会将世界导向至善，他至少正在带给我们一个日益繁复而精彩的世界，仅此一端，已足以让我们赞美和感谢他 / 她 / 它……

[1] 本文是我 2010 年就生物社会性起源所写三篇博客的最后一篇，另外两篇是《真社会性与内含适应性》（No.919）和《从亲代投资看真社会性起源》（No.951）。

复杂性源自功能之分化与组合，用经济学术语叫专业化、分工与合作。它们以两种方式推进复杂性：当分化发生时，它在原有层次上带来多样性，也即增进了系统的横向复杂性；而当组合发生并形成某种持久稳定的排他性组合结构时，它将在原有层次之上建立新层次，从而增进系统的纵向复杂性——用系统学黑话说，发生了一次元系统跃迁（metasystem transition）。

从类似病毒这样的简单生命，到原核生物（prokaryote）的细胞结构，便是一次跃迁。原核细胞不妨视为许多功能上高度分化且互补的病毒相互合作形成的稳定结构（当然，弄清早期进化史之前，这还只是一种比喻性的说法）。真核细胞是在原核细胞基础上的第二次跃迁，它是多种原核细胞分化组合的结果。然后是单细胞向多细胞有机体的跃迁，在细胞分化的基础上，高度复杂的组织、器官、行为，乃至外于身体的各种延伸表现型得以浮现。

真社会性是在有机体基础之上的又一次跃迁，它创建了巢群（colony）这一被爱德华·威尔逊（E.O.Wilson）称为超有机体（superorganism）的结构层次。在巢群中，个体按功能分化成了不同品级（caste），通过合作共同完成散播同一组基因的任务，其中的职虫（worker）就像个体的体细胞，它们的可育姐妹就像个体的性细胞，而后虫则是巢群的繁殖器官。

类似的，企业、教会、国家等人类组织也是超乎个体之上的结构，这种组织若具有足够的稳定性和足够清晰的边界，并且其结构是可以被仿效和复制的，那我们便可望从它们的结构、工作机制、兴衰周期中发现某些类似于超个体的特征；在人类组织中，家庭和企业，大概最接近于满足上述认定超个体的条件了。

然而，人类超个体组织与真社会性巢群也有着极大差异，根本区别是：真社会性巢群中，职虫丧失或被压制了生殖能力，失去了其独立的遗传通道，因而也就丧失了独立生存的能力，用会计行话说，在成本 / 收益账簿上，不再有它们的独立账户，它们只是巢群账户上的一些中间科目，因为它们已不再是独立民事主体了。

相反，在人类组织中，无论组织目标多么有号召力，组织控制力多强，参与其中的个体仍保有其独立的成本收益账户，有自己的行动目标和生存能力，而这些都是因为他们仍保有独立的遗传通道，即，他们未被阉割。

这一差异导致的结果是，人类组织是一种松耦合系统，作为其组成部分的个体之间相互依赖性较低。通常他们并非因为丧失了其他可能性而组合在一起，而是基于其自身的成本收益算计而发现这种组合对他们有利；个体在组织中的角色和职能分工，是基于个体的比较优势，后者或许表现为某种程度的专业化，但并不是职虫那样的特化。一个铁匠改行种田效率或许会下降，但并无特别障碍，但一只兵蚁是无法变为工蚁的。

对于超有机体本身，真社会性那样的紧耦合有很大好处。特化过程中，许多不必要的器官都可以退化抛弃，像储蜜蚁的大脑只需保留一点点就行了，附肢也无须保留，线粒体被真核细胞的祖先捕获收养之后，也已高度退化。无用器官的退化可以节省许多成本，而有用器官的大幅改造和强化，则提高了效率。更重要的是，切断职虫的遗传通道，可防止其经营自己的自留地，打小算盘，生异心。

然而，对于整个种群乃至生态系统的复杂度和多样性来说，松耦合有着诸多奇妙的好处。近年来，软件产业似乎就意识到了这一点。软件工程的潮流，已经历了一次从紧耦合向松耦合的转变，过去自顶向下的结构化模式已遭唾弃，而到处谈论的 SOA/SaaS/UDDI/ 等概念，无不与松耦合潮流有关。

归结起来，松耦合对于创造复杂性和多样性有这样一些好处：

（1）在紧耦合结构中，作为其组成元件的个体被高度特化，因而，当整体结构因环境适应性下降而灭绝时，元件类型随之而灭绝。相反，松耦合结构保持了元件物种的独立性，免于随上层结构而灭绝，从而为生态系统创造新结构保留了最大可能的且不断扩充的可用元件库。

比如，当报业衰败时，造纸业尽管也受到冲击，但不会随报业一起灭亡，因为造纸企业同时服务于其他下游产业，并未对报业形成完全依赖，因而也未按报业的需要而完全特化（当然，某些产业链中会有高度特化的情况，但那是例外而非常态）。相反，市场中每个企业都直接面对选择压力，他们的独立生存能力随时在经受考验，而不像真社会性物种，面对选择压力的是巢群而非个体。

（2）在紧耦合模式中，构造每种上层结构所用的元件库是相互隔绝的，即结构之间无法共享和交流元件，松耦合模式下则可以做到共享与交流，这指数级地提高了结构创新的可能性，使得创新涌现的速度被极大加快。同时，在解决具体适应性问题时，由于路径依赖性大为降低，选择空间将被更充分地遍历，优化速度因而得以加快。

在一个繁荣的市场中，创新企业家随时可以雇佣到各类工程师、会计、秘书、销售经理等专业人员，也很容易买到或学到新企业所需的各种工具、机器、工艺、管理方法，而无须自己动手从头培养和建立，这也是当代创新企业为何能在融资成功后短短几年内迅速膨胀为跨国巨头。因为借助要素市场，企业家可以很快搭建出所需要的资源配置结构。

（3）在紧耦合模式中，当一种新结构开始被构造时，一切都将从零开始，即通往各种更上层结构的进化路径是树状分枝的，各分枝间不会有重叠部分。结果是，轮子总是被一遍遍地重新发明。比如，功能雷同的眼睛和翅膀就各自被发明了很多次；一个蚂蚁类元在通往真社会性的道路上，无从借用另一个类元已经发明的品级，它必须从头逐个创造品级。

相反，在松耦合的市场环境中，企业家创新不必从零开始，即已存在的各种产业链都可经交易与合约安排而加以借用，所有成熟的环节都可以采购租赁进来，或外包出去，创新者只需专注于其独特的部分。

（4）在紧耦合模式中，几乎不存在“产业链”，即从原材料（初级资源）到最终产品（成熟子代）之间，所有生产环节都在结构内部自己完成[1]，这也意味着它需要承担生产过程所有环节上的风险。只能在结构内部分工，而无法与外部环境实现产业级的生产分

[1] 食物链（更一般的说是营养链）和共生关系可以算是产业链，不过食物链比市场产业链短得多，最多五六级，同一共生关系中的共生伙伴数量也很少，所以和人类市场相比，这两种都是比较原始简单的产业链。

工和风险分配。

这样，生产的迂回程度便大为受限，因而也难以像我们在市场中所见到那样，在短时间内迅速涌现大量高度复杂的产品；当然，生物界也有些办法来突破这一限制，比如奴役（比如某些蚂蚁对蚜虫）、寄生／操纵，或互惠共生关系，但这些办法所增加的生产迂回性和产品复杂度，远不如在市场在价格机制这双看不见的手协调下所创造的漫长产业链和高度复杂的产品。

上述几条，或许可以让我们理解，为何市场只用了几百年时间，便创造了堪与生物界媲美的高度复杂多样的文化，而自然花了数十亿年才让生物界拥有如此复杂度。

后记

有关正文第三点提到的路径依赖问题，生物代谢机制是很好的例子。真核生物通过内共生和细胞器分化建立了复杂精妙的胞内分工机制，由于内膜系统有效隔离了细胞各职能部分，由一些部分专门履行代谢分裂等基础职能，从而让其余部分得以灵活发展各种特定功能，同时，精确控制的有丝分裂确保了子细胞拥有相同的遗传编码，使得真核细胞成为构造多细胞生物的极佳元件，因而成为多细胞生物的基础。

但这一发展也付出了代价，被高度特化的代谢机制很难再改动，就像一座大厦一旦建到几十层之后就很难对其基础部分做大改动，结果所有植物都依赖于三种光合作用，而所有动物都是依靠其他生物所生产营养物质的异养生物（heterotroph），于是真核生物便丧失了原核生物所具有的代谢灵活性。

汽车制造商可轻易将一款车型的汽油发动机换成柴油机，为电脑换显示器则更容易，这样的事情在动物身上就绝难发生。动物要从一种新化学物质获取能量，就得通过共生关系借助其他物种的代谢能力，比如食草动物必须依靠肠胃寄生物来消化纤维素，有些白蚁则借助一种二级共生关系：依靠寄生于肠道的原生生物披发虫（Trichonympha）消化木质素，而披发虫则依靠寄生于其内部的细菌和嵌生于其细胞膜上的螺旋体获得木质素消化能力。

这样的共生关系也很奇妙，但与现代产业相比则大为逊色，后者可以在一根产业链上形成数十级共生关系，也可以由数百家企业构成同一级共生关系，而且参与共生的企业不必因特化而丧失独立生存能力。

第九章

人性

现在总算可以回过头来，看看衣冠之猿究竟与裸猿有何不同了。

首先，和其他生物一样，我们也是适应环境的结果。漫长的适应过程产生了大量适应器，它们相互配合，组成了一套完整的生存繁殖方案，叫作天性或本能，而其中人类所独有（且人类普遍拥有）的那些，则被称为人性。当然，人性并非永恒，自从智人物种确立，特别是其中一支走出非洲散布全球之后，又发生了许多适应和改变。

假如到此为止，那我们就仅仅是裸猿，但人类还获得了另一组适应器——诸如制造弓箭或渔网的方法，它们并不存在于个体天性之中，表现为生理或心理特性（尽管它们依赖某些生理或心理机能），而是以口述传统或文字记载之类的形式，存在于群体文化之中。但和生理心理适应器一样，它们也是我们生存方案不可或缺的组成部分。

由于这些适应器存在于群体文化，个人必须成长于群体之中才能获得全套生存技能，但个人对群体和文化的依赖不止于此。尽管有些技能（比如制造弓箭）一旦习得便可离群单独使用，就像有些手机应用下载安装之后便可离线使用，但还有大量被称为社会性技能的应用——诸如沟通、欺骗、说服、恐吓、劝诫、引诱、煽动、组织、指挥、合谋、圈套等——不仅需要在线安装，也只能在线使用。

这是人之社会性的第一层含义，还有第二层。上面提到的那些适应器，尽管须从社会获得，也必须在社会中实现其功能，但总归是服务于个体利益的，是个体的适应器。但并非所有文化元素都是如此，文化自有其传播途径和变异方式，其复制变异兴衰存灭更多系于群体而非个人，因而许多文化元素——诸如伦理规范、部落认同、战士荣誉、集体纪律、民族主义——可能更多服务于群体利益，或干脆只服务于个别模因的利益。

群体与个体的利益虽多有重合，但并不一致，而文化是成套习得而非随意挑选组合的，于是个人便处于本能和文化两股力量的牵引之下；甚而，组成这两股力量的各种成分，其牵引方向也不尽相同。因为人类在不同进化阶段所获得的适应器，在当前条件下的适应程度各有不同，比如对糖的嗜好在当代富裕社会就有点过头，部落认同在现代城市社会也已过时。

更一般而言，许多适应器（无论是生物的还是文化的）正是通过对已有适应器进行抑制、修正和调控而起作用的。比如勇气是对恐惧和逃跑本能的抑制，拘谨是在社交场合抑制某些行为以免失态；还有对一阶抑制的二阶抑制——我们可以抑制拘谨而让自己“显得放松些”，或者“故作拘谨”以避免与人发展亲密关系，甚至“故作失态”以发出轻蔑或挑衅信号。

这样看来，个人的情感、价值、观念和行为，是我们在进化史上先后获得的种种本能，和在成长经历中依次习得的种种传统、习俗、知识和技能，所有这些力量共同牵引的结果。而所谓人性，便是所有这些元素的复合体。

如此描绘人性，难免会引来这样的质疑：难道我们只是被众多绳索拉扯的木偶？那我们的理性和自由意志又在哪里？

对此我的回答是：我们确实拥有自由意志。但这不是说，在上面罗列的元素之外，还有一颗独立于它们的心灵，一个不受推动的推动者（unmoved mover），而是说，这些元素相互组合、共同起作用的方式，形成了一种有序结构，被称为“意识”。它赋予我们对世界（包括自我）进行表征和模拟、并据此而对不同选项的后果作出预测和评估的能力。所谓自由意志，即是指这种能力，当我们充分运用这一能力时，便体会到自己是自由的。

也就是说，自由并不意味着超脱于因果关系之外，影响我们行动的诸因素，并不是在竞相说服我们的心灵——根本不存在这样一个笛卡尔式心灵。相反，这些因素相互竞争和调控的方式，恰恰构成了我们的心灵；它让我们能够斟酌权衡面临的各种选项，但不是因为我们的抉择过程独立于各种影响，而是影响抉择的各股力量偏爱不同选项，它们之间的较量过程恰恰构成了我们的斟酌。

【意识、自由意志、理性，都是复杂而困难的主题，上面这样充满象征和跳跃的简短表述，恐怕会让注重逻辑连贯性的细心读者感到不满，而它们在我对人性的解读中又处于相当关键的位置，所以我决定在本书附录中用一篇稍长的文章来说明这组概念的确切含义，以及它们对人性意味着什么。】

尽管并无神秘之处，但自由意志在人性中的地位至关重要，堪称人性之王冠。预见后果并作出选择的能力，赋予我们承担道德责任的资格，让我们成为可以被赞美或谴责的对象（正因此，人类才被称为道德动物），离开这个前提，便谈不上善良、邪恶、荣誉或耻辱，许诺、希望、努力、成就、遗憾、懊悔等词汇也将丧失其意义。

然而，自由意志的独特性和复杂难懂也造成了一种广泛流行的谬误。每当识别出一种元素（无论来自本能还是文化），它以某种因果链对行为产生影响，有人就会拒绝承认那是组成他的一部分，“那不是我的决定，那不是真正的我”，并声称他被本能控制了，被荷尔蒙操纵了，被传统或习俗奴役了，被时尚潮流裹挟了，被贫困状况或教育背景“锁定”了。

可是如此一来，最终他会发现，没有什么是真正属于自己的，用丹内特的话说，“只要你把自己变得足够小，你几乎可以外部化任何东西”。这一谬误在伦理上表现为道德退化主义：随着科学（特别是心理学）的发展，对人性认识的加深，行为影响因素被不断识别出来，于是越来越多的行为被解释为“不是他自己的选择，他不能对此负责”，道德责任也就一项项被撤销。

在生活态度上，该谬误表现为自寻烦恼式的自我排斥，即对于自己身上任何被发现有着客观来源且并非自己有意识选择的元素，一概加以拒斥。诚然，适当的自我否定是有益的，排除某些元素可能会让剩下的更协调，但扫射式的自我攻击只能带来挫折和痛苦。

常听到这样的故事：某人按部就班随波逐流了几十年，突然有一天觉得不能这么浑浑噩噩度过一生，要做点自己想做的事情，来一次说走就走的旅行，去过自己真正想要的生活。假如他果真去做了，并且过得很开心，便体会到前所未有的自由，感觉自己掌握了命运，终于成为了“真正的自己”。

这当然很好。可是，首先，这样的念头不会凭空而来，或许他是被某部电影某篇文章某句歌词触动了，或许是一位亲友的离世让他意识到人生苦短，或者只是某次痛饮之后心理状态发生了微妙变化；其次，使得他能够被这些事件激发出如此念头的心理基础，也不是没有来由的，而且，这一念头之下，具体哪些事情会被他视为“真正想做的”，同样不是毫无缘由，就连说走就走的目的地——无非是西藏大理非洲塔希提之类——往往也早被流行文化安排好了。

既然这些念头同样源自其意识控制以外的事件，念头的内容也同样由进化史、文化环境和个人经历所加之于他的种种特性和知识所决定（否则就很难解释，为何人们总是被极为相似的台词所打动，并作出极为相似的反应）。那么，何以认为听从这些念头而生活才算是找回了真正的自我？为何这部分念头比其他念头更有资格代表“自我”？

实际上，这些念头的内容及引出的行为，本身并无特别之处，比如有些人的经历看起来刚好相反：起初怀抱鸿鹄大志，意气昂扬要做番事业，经过一番折腾并作出反思之后，觉得还是听从本能与传统的指引，安享平静生活与天伦之乐更加合意；也有人在反思之后并未改变生活轨道，只是消除了原先的自卑或焦虑，坦然接受自己向来的秉性和状态。

似乎没有理由认为，说走就走的那位就比他们更高明。真正重要的是，这些都证明了他们拥有被某些事件触发而对自我与生活进行审视和反思的能力，正是这一能力将人类和其他动物区分了开来，至于反思之后做了什么，倒在其次。而反思能力在人性中的地位之所以如此特殊，是因为它揭示了意识这一心理机能的独特与强大。

意识是一种基于语义表征的模拟系统，由于我们的语言原则上可以做到图灵完备[1]，它可以用来表征任何东西，因而意识可以将其表征和模拟能力运用于任何对象。当它指向现实世界时，形成了世界图景（即波普第二世界）；当它指向其本身（准确说是它的运行历史）时，形成了自我意识；当它指向其他个体的意识时，便产生了所谓的移情。

随着文化发展，知识系统不断积累膨胀，教育程度提高，意识的模拟能力也在不断增强和拓展[2]，同时也将我们的观念世界从早先的蒙昧状态变成文明时代的丰富开放头脑。特别是在文字出现之后，借助书面语的抽象与构造能力，意识的表征和模拟能力也大幅提升了，此后科学方法和形式化程度更高的人工语言，为意识提供了更强大的外部辅助。

这些构成第三世界的知识和表征手段，让个体意识就像配备了一套强大的感知增强系统（谷歌眼镜和战斗机仪表盘是很贴切的类

[1] 在计算理论中，图灵完备（Turing complete）是指一个系统能够像一台单带图灵机那么工作，这个解释对普通读者可能没什么用，换个通俗的说法：一个系统只要是图灵完备的，它就能（在不考虑存储容量和效率的前提下）做我们在整个电脑世界中所见到的任何事情。我认为人类头脑是图灵完备的，而且我相信这一点不难证明：任何心智健全的人，在接受适当训练后，都可以在头脑中完整而精确的想象（或用语言陈述）一台单带图灵机的工作过程，包括其每种动作步骤，而只要满足这一点，该头脑在原则上便可运行任何计算机程序，无论运行得多缓慢多笨拙。当然，人脑通常并不是（实际上远远不是）在像一台单带图灵机那么运行，但它有潜力这么做，所以我为上述断言加上了“原则上”这一限定词。

[2] 这部分体现为弗林效应（Flynn effect），即智商测试的平均得分随社会发展和教育条件改善而提高的现象。

比），正是这一整套装备，让我们登上了灵性之巅，从那里傲视众生，内观自我，谈论我们身处的宇宙和把我们带到这儿的历史。若文明有幸得以延续，我们的子孙会继续堆高这座山峰，令人性变得更丰厚，生命变得更精彩。

人类还在进化吗？

2013-02-20,
No.4624

对于人类为何会是现在这个样子的问题，在达尔文之前，可以说的大概只有“上帝照他自己的样子造了我们”之类（当然也可以什么也不说）。而从达尔文以来，我们已经能够从许多方面更有意思地谈论它了，为何我们的眼睛会有盲点？因为人类眼睛和其他脊椎动物的一样，最初从感光表皮发展起来时，其感光细胞恰好位于神经细胞后面。

不过作为人类，人们更关心的是那些将我们这个物种与其他动物、其他灵长类和其他大猿区分开来的那些特性，是从何而来的。这方面的探索形成了侧重于生理与体质的进化人类学和专注于心理与心智的进化心理学，前者在莫里斯的《裸猿》和戴蒙德的《第三种黑猩猩》里都曾被介绍，后者近年来更已壮大为一门显学。

进化是对特定环境的适应过程，考虑到智人从其他大猿和人属近亲中分化出来，获得自身特性而成为新物种的过程主要发生在更新世的东非大草原上，因而上述两个学科都将此环境下的狩猎采集生活设定为其理论背景。许多学者进而断言，人性的生物学方面在人类走出非洲之前已基本定型，此后的变化主要发生在观念与文化层面上。

这一判断的理由首先是离开非洲的时间太短，五万年在进化史上只是一瞬间，其次是根据间断平衡理论，物种成型之后的微进化将是细微而缓慢的；更有人认为，人类已经征服自然，摆脱了自然选择的压力，因而进化过程也已终结。总之，过去几万年中，人性的变化即便有，也是细微而肤浅的。

然而随着近年来种群遗传学和分子技术的迅猛发展，上述判断正在接受挑战。犹他大学两位学者在2009年出版的《万年大爆炸》（*The 10,000 Year Explosion*）一书中，基于细致的理论分析和最新的遗传学证据指出，过去五万年的经历在塑造人性方面起着不可忽视的作用，其影响是重大而深刻的。

作者先从理论上论证了，重大而深刻的变化完全在预期之中。首先，人类走出非洲后很快遍布各大洲，从东非草原单一生态位分散到千姿万状的生态位，形成一种类似辐射进化的局面，各地域种群没理由不对其面临的全新环境作出进化适应。而只要选择压力足够大，五万年并不算短，正如狗的驯化史也只有几万年，但品系间以及它们与狼之间的差异却已如此之大。

其次，农业的出现彻底改变了人类的生计模式与社会结构，而生物的特性总是与其所采用的生计模式相匹配的，这意味着向农业转变带来了巨大进化压力。人类改造和控制环境、组织大型社会的努力，实际上为自己创造了一个全新生态位，进而推动自身向新的方向进化，这是一个自我驯化的过程。

最后，人类散布全球、继而转向定居农业的过程中，人口扩张了四个数量级，而种群规模扩大会提高进化速度，因为可供自然选择起作用的变异数量增加了。这样，进化的供需两侧——变异来源和选择压力——都大大提高了。作者据此结论：进化非但没有停止，反而极大加速了，定居农业之后的进化史堪称大爆炸。

作者随后列举了许多证据来支持上述结论。比如印欧人与东非人各自进化出了成人乳糖耐受性以适应畜牧生活；欧洲人和东亚人各自发展出浅肤色以应对高纬度地区的缺钙问题；热带非洲和东南亚丛林的族群分别发展了应对疟疾的不同血细胞变异；拥有长期农耕史的族群，骨骼变得更薄更轻，更偏好糖类，更能抵御酒精伤害，性情也更为温顺、刻苦和有耐心。

与狩猎采集族群相比，农耕者在免疫系统、代谢机制、运动机能甚至心智特征上，都已发生许多适应性变化，弄清这些变化可以让我们更好地认识自己，反过来也能让我们更好地探索和理解这些变化发生于其中的那段历史，以及这段经历的不同如何导致了族群之间的差异，包括生理、心理和文化上的差异。

当然，作为一部旨在彻底扭转固有成见的开创性著作，该书的诸多创见还远不是学界共识，无论对基本事实的认定还是对这些事实的解释，无疑都将遭受众多质疑和考验，但仅就其在理论上的廓清，对已知事实的重新评估，以及对该领域最新进展的介绍和阐释，已足以令其成为一本里程碑式的要著，帮助世人以全新的眼界和起点思考“我们从何而来”这一古老而永恒的问题。

后记

体质上的族群差异是很难否认的，非洲人在田径项目上的优势一目了然，而且不同非洲族群各有其优势：西非人在短跑等爆发力项目上，东非人在长跑上有优势；但非洲人也有弱项，比如游泳，原因之一是他们的骨密度较高，骨骼较粗重。有意思的是，从这些体质差异，我们可以窥探到过去几万年文化发展的一些重要方面。

骨骼纤细化（gracilization）正是智人进化过程的一个显著趋势，而且该趋势在最近几万年仍在延续，进入农业时代后更为显著。或许是因为工具和武器逐渐（无论在战斗、奔跑还是负重工作中）部分取代了强壮骨骼的作用。但骨骼纤细化在各族群之间并不均衡，非洲人骨骼偏重，或许反映了其生计模式或无政府状态下的高强度冲突，仍需要他们拥有强壮的骨骼。

一些东非部族的长跑优势或许和他们的畜牧业历史有关。东非畜牧以养牛为主，而牛的活动范围比羊大得多，所以各大洲以牛为主的纯畜牧业者大多需要骑马放牧，但东非畜牧者却几乎没有马，只能靠两条腿跑；而且畜牧部族之间相互偷牛的风气很盛，偷到牛的人常常需要连续奔跑数十甚至上百公里才能逃脱追杀。

人类会越来越聪明？

2012-10-24，
No.4125

上周，《华尔街日报》发表了心理学家詹姆斯·弗林（James R. Flynn）的一篇文章，介绍了以其姓氏命名的“弗林效应”，这也是他今年新书的主题。大意是，自从 20 世纪初有了规范化智商测试以来，测得的平均智商在不断提高，大约每隔 10 年提高 3–5 个点，结果测试机构被迫不断修改测试量表以适应新情况。假如按目前流行的量表，百年前的平均智商大概只有 70。

对弗林效应很容易发生一种误解，以为它暗示人类智力在遗传意义上不断提高，或发生了生物学上的智力进化，并将其归因于现代社会智力变得更重要，智力活动更加普遍了。这种误解和那些以人类更依赖手机为由而预言未来人类会进化出更发达的大拇指一样，只是拉马克用进废退论的当代版本。

智力在现代社会或许是变得更重要了，但没有什么证据显示它给高智商者带来了多少遗传收益（在古代这倒像是真的）。相反有不少迹象表明，似乎智商平庸者的生育率更高一些，而在基本生存条件已有普遍保障的中等以上发达国家，生育率是决定遗传收益的压倒性因素，所以，尽管智力对个人成功有不小帮助，但并没有转变为遗传收益从而为其进化提供动力。

实际上，弗林和认可弗林效应的心理学家普遍认为，该效应强烈暗示了智商测试结果与成长和教育等后天环境条件高度相关。另一项关于个人智商变化的跟踪研究也支持了这一判断，同一组人相隔若干年的两次智商测试，结果相差很多，多者可差20点，而且变动方向与间隔期中的活动显著相关，接受教育和培训的经历、从事的职业、业余爱好，都可能影响智商水平。

许多心理学家反对脱离具体任务情境而谈论一般意义上的智力，认为一般智力的概念暗示了这样一种错误观念（或效果与之相当的类似观念）：似乎大脑只是一台空白的通用图灵机，在成长教育过程中安装上各种应用软件，而通用智力就大致相当于电脑的存取和计算性能。

确实，心理学研究早已发现远不是这么回事，被笼统地涵盖于智力之下的各种心智能力，都是为解决进化史上所面临特定生存繁衍问题而发展起来的，因而各自有着特殊的适用背景。著名的华生测试（Wason test）便表明，当问题情境稍稍转换，比如仅仅因为描述问题所用的实例不同，一个很容易解决的问题往往会变得很困难，或得出恰恰相反的错误结果。[1]

但同样不可否认的是，灵长类运用既有心智技能解决新问题的能力比其他动物要强得多，这或许和它们的食物来源多样化有关。我们的近亲黑猩猩就是什么都吃的机会主义者，而人类在过去几

[1] 华生测试（Wason test）又称华生选择任务（Wason selection task），是由认知心理学家 Peter C. Wason 在 1966 年设计的一组逻辑结构相同但表述形式不同的逻辑推理题，测试发现表述形式对回答正确率有非常大影响。

百万年更经历了多次大幅度的生态位变迁和社会形态改变。这个物种在适应全新的生态位、食物源和生计模式上，表现出了最强大的适应能力。

这意味着我们总是能将特定的心智能力不断移用到新的情境中，去解决新问题，也就是说，我们的智力已变得高度通用化。而这个通用化过程从灵长类先祖便已开始，但它的获得过程与电脑这种人工智能相反，我们先有专门化的应用程序，然后它们为适应不断的移用需要而变得越来越通用。

不过对于个体而言，处理新问题的能力不需要终身保持，尽管从进化史跨度看，我们的生产生活方式变迁频繁而迅猛，但直到工业革命之前，个人生命期所面临的问题，在其出生的时候都已存在了，所以个体只需在幼年期具有足够的好奇心和学习能力，以便将其心智训练和配置成适合其所在生态位即可。而过了青春期，特别是结婚生子之后，通常很快会丧失好奇心和探索精神，对新事物缺乏兴趣，变得循规蹈矩，因循守旧。在变化缓慢的传统社会，这对多数人并不是缺点，反倒可能有好处。

但工业革命极大地加速了社会变化，新事物、新技术和新知识以前所未有的速度不断涌现，个体生命期所经历的世界、生活工作所需的知识和技能、所处的信息环境也始终在变化。这就要求个人尽可能地延续其处理新知识和解决新问题的能力，即在成年后继续保持好奇心、学习能力，而事实上人类确实也展现出了这方面的巨大潜力，这表明我们的智力发展窗口期具有足够的弹性。

这种弹性或许可以称为非遗传性的幼态保持，它让我们能够将教育延续到26岁甚至更晚，能在一辈子更换四五个职业而应付自如。让老人在65岁之后还能学会跳舞、打字和QQ聊天，或许正是这种弹性解释了为何现代社会的智商水平在不断提高。而在传统社会，由于学习窗口早早就被关闭，多数人在中年之前就已经变得僵硬封闭无法开窍了。

后记

许多人怀疑智力能否被度量，或这样的度量是否有意义，但大量研究表明，智力度量确实是有意义的：首先，通常被归入智力的各项能力之间存在显著相关性，即，一个人若在其中几方面表现出色，那他就有较高概率在其他方面也表现出色；其次，智商测试确实是这些能力的有效度量，即一个人若智商得分较高，就有较高概率在单一智力项目上得高分。

更重要的是，智商是预测个人职业成就和收入的很好指标，而且智力也是两性择偶标准的重要指标，在各项考虑因素中至少被排在前三位，这说明人们懂得如何通过某些线索评估异性的智力。尽管他们未必说得清楚自己是怎么评估的，但既然这些线索能被观察到，那么细致的科学研究总是有可能将它们识别出来。

当然，作为一项综合性指标，智商测试无疑会损失大量信息。相同智商的人，有些可能逻辑能力强，有些空间想象力强；类似的，我们也会说某些人“体育好”，有运动天赋。这种说法当然也损失了有关专项能力的信息，但不是无意义的，一个足球踢得好的人，确实有较大概率在其他项目上也高出一般水平。

制度差异也有遗传基础？

2014-08-31，
No.5274

不同文明与社会何以表现得如此不同，是个长久以来发人深省的问题。在《论法的精神》中，孟德斯鸠（Montesquieu）曾给出一个异想天开的便捷解释：气候与土壤决定性格，性格决定制度。19世纪的人类学家开始用科学方法对待这个问题，满世界观察描绘各民族的特性，像博物学家那样测量和比较他们看到的一切，从器物、风俗、制度，到衣饰、语言乃至身体。

基于对身体特征（特别是颅骨）的测量，他们区分了高加索、蒙古、马来、尼格罗等五六个种族（race），识别了各自的一些特征，这些研究形成了体质人类学这一学科。然而到二战以后，出于对纳粹暴行的震惊和对种族主义的忌惮，种族成了学术界禁忌的话题，体质人类学即便没有消亡也已转入地下，种族一词则被“世系（ancestry）”所取代。

不过自20世纪70年代以来，新达尔文主义已重新确立了生物学和进化论在社会科学中的地位，利用遗传信息探索人类迁徙分化、生活方式、食物结构的方法已得到广泛认可。当种族主义不再对文明构成威胁，当初的恐慌既已平复，人们便逐渐认识到，区分种族或民族[1]并承认它们之间的差异，并不会让种族歧视或任何基于种族的立法或政策自动获得正当性。

所以近年来学界又开始关注人类群体间的差异，认识这些差异确有其实际价值。比如不同人群的特定运动潜能、罹患特定疾病的风险、近视或肥胖的几率皆有所不同。了解这些，可以让个人早加防范，让医疗机构有所准备，让企业更有针对性地设计产品，甚至帮助体育星探寻找培养天才苗子。

对于体貌和生理上的差异，世人好像比较容易接受，但有少数学者走得更远。英国科学作家尼古拉斯·韦德（Nicholas Wade）在今年出版的新书《棘手遗产》(*A Troublesome Inheritance*) 中，讨论了群体间心理特性的差异及其对社会制度发展的可能影响。他认为，各国之所以在现代化进程中走上不同道路，在法治建立和经济发展上表现迥异，不能仅仅归因于早先的制度基础和文化特质，更要从心理特征上找原因，而群体间心理上的差异很可能有其遗传基础。

主要理由是，自从人类走出非洲，几大洲的族群间经历了数万年地理隔绝，各自适应所在生态位。特别是农业起源以来，部分族群采用了与以往狩猎采集截然不同的定居农业生活，建立了城市和国家；国家及其司法系统创造了持久的和平环境，降低了暴力冲突强度，同时它也带来了等级制度，取代了游动性小社会中普遍的平等主义。

长期生活在不同生计模式和社会制度之下，经受着完全不同的选择压力，最终在各族群的心理上造成了显著差异，比如暴力倾向、

[1] 本文所称“族”、“民族”或“族群”，除非另有说明，皆指 ethnic group。

纪律性、对待远期回报的耐心、对待社会规范的态度、道德感，等等。这些差异反过来又影响着不同族群接受特定制度的可能性，以及其中个体在现代市场社会获得成就的潜力。

韦德的书甫一面世便引起轩然大波，被戴上种族主义帽子。144 位学者在《纽约时报》书评栏目上发表联名信加以批判；较为中肯的评论者则指出，韦德在缺乏过硬证据的情况下，在种族差异这样的敏感话题上轻易发表观点，是不负责任的。

韦德确实没有直接的遗传学证据，但公允地讲，他的分析论证相当有说服力，绝非无端猜测，就好比一桩杀人案，尽管没找到指纹、凶器、血迹，但有关动机、作案条件、可疑举动的种种迹象，却强烈指向某个嫌疑人。在无罪推定原则下，这样的嫌疑当然不足以定罪，正如韦德的观点远远够不上科学定论，但科学探索没必要遵循刑事定罪那样的严格标准。

好奇心驱使我们探索世界，当已知事实无法解答我们特别关切的问题时，便会凭推测从已确立的零散事实中描绘出完整的故事。科学研究由同样的好奇心推动，科学家也会做出同样没有多少把握的推测。考古学家从一块头骨、几颗牙齿，推测古人的生活方式甚至社会结构。从难以追溯的微弱线索中，生物学家也在推测生命最初起源的可能途径。

不同的是，科学推测是在更扎实的方法论基础、更好的理论框架、更严密的逻辑、更好的统计学工具等一整套装备支持下，在对已知事实和竞争观点更全面把握的条件下进行的，而从这些方面看，韦德的装备是完全合格的，不逊色于任何科学作家。

后记

谈论人类表现时的一种常见倾向是，认为人性之生物性方面和文化方面是相互独立、各自演化的，一方面的改变不会影响另一方面——生物性就像硬件，文化就像软件，同一台电脑可以运行不同软件，而同一软件也可运行在不同电脑上。

许多例子似乎也印证了这种看法：美国长大的亚裔孩子，文化上活脱脱就是美国人；而南北朝鲜、东西德国，生物特性上毫无二致的两个群体，都被安装了不同文化软件；日本维新和东欧变迁也表明，一个族群短期内大幅更换软件也完全可能做到。

可是当我们从更大的族群范围和更长的时间跨度看，如韦德所指出，生物性与文化特性的相互影响就十分显著。这是因为，人类头脑尽管有着成为通用图灵机的潜力，但并不是一台典型的通用计算机。实际上，当前市场流行的开放式计算机，是工业界努力协调和精心设计的结果，其开放性、兼容性、可互换性得到大量接口规范（包括硬件规范和软件规范）的保证。

但人类头脑和文化的进化过程中，却不会有一个行业组织来设计这样的接口规范，这就意味着系统各组成部分之间会有更高的耦合度，各种文化元素之间以及它们与各种生物特性之间会更多相互纠缠，更难被单独替换。一个亚裔孩子或许可以表现得很像美国人，但一个只剩下亚裔的美国社会是否能保持其文化特性，就没那么肯定了。

文化特性反过来影响生物特性的一种常见机制被称为鲍德温效应（Baldwin effect）。其原理是，假如某些文化特性或社会技能对个体生存繁衍很重要，并且这一状况持续很久，那么物种就倾向于发展出让个体容易习得这些文化特性或社会技能的生物特性，于是文化特性在一定程度上被“内化”了。

实际上，就连通用计算机这样耦合度较低的系统，其进化过程中也可观察到鲍德温效应。假如没有大量的视频游戏和三维设计软件，就不会存在高度特化的图形加速卡和 GPU；假如没有大规模数据应用，就不会出现薄片状的机柜服务器；假如没有互联网，键盘上就不会出现主页键或回退键；假如 Windows 没有开始菜单，键盘上也不会出现开始键。

近几年比特币挖矿技术的发展很好展示了鲍德温效应。矿机不断针对挖矿算法而特化，短短几年内，用来运行挖矿算法的设备从最初的 CPU，到 GPU，再到 FPGA，特化程度越来越高，最后变成完全特化的 ASIC，据说现在不用 ASIC 已经赚不回电费了。

你被洗脑了吗？

2014-06-06,
No.5184

这几年，洗脑一词颇为流行，运用范围也越来越宽泛，从最初的集中营式强迫思想改造，扩大到了各种传教活动、营销培训、广告宣传，乃至心理教程、拓展训练和学校教育。最近的招远惨案又将这一话题翻了出来，并且被与邪教联系在了一起。

然而，无节制地扩大这一概念的适用范围，不仅模糊了其功能界定，也在消解着它原本十分明确的道德含义。上述种种活动，确实都利用了人类某些共同心理机制，对目标个体的观念和行为进行了操纵。可是，许多历来被视为良性的教育和传播活动，不也同样具备这些特征吗？

这样一来，我们要么放弃对洗脑的道德贬责，要么剥离这一概念的功能含义而让它退化成一句骂人话：假如我不喜欢你传播的观念，就说你是在洗脑。若相反，则说你是在教育。

在《自由的进化》一书中，丹尼尔·丹内特（Daniel C. Dennett）用一个专节讨论了这个问题，在他看来，洗脑和普通的宣传教育是可以在功能上加以区分的，标准是：这种活动是否削弱了一个人的自由意志，也就是他领会自己的处境，评估各种选择，斟酌其可能后果，在相互冲突的欲望、需要、关切与规范之间进行权衡，最终作出抉择的能力。

作为一项心理功能（或能力）的自由意志，并非如绝对主义者认为的那样，要么全有，要么全无。有些人缺乏主见，容易轻信，因而较易受人影响，被人摆布，另一些则比较独立自主，善于怀疑和反思，头脑开放，能够接受不同来源的信息，权衡不同观点。但即便是最独立的人，也会受他人影响，也免不了在某些场合场景下被人煽惑。

尽管每个人的自主能力有所不同，而且这一能力是随个体成长而逐渐成熟完善的，但是，任何心智健全的成年人，都有着起码的自由意志，也正因此，社会才要求他们为自己的行为承担道德与法律责任。这也意味着，针对健康成年人的洗脑其实并不会那么容易而常见，因为常人珍爱自由意志绝不亚于手足，要他们自愿放弃（部分）自由意志就像让他们自愿剁手。

许多所谓的洗脑活动，比如传销培训，确实汇集了一批轻信的狂热分子，但这未必是因为传销者的思想控制手段有多高明，或许只是因为轻信者原本就缺乏判断力，加上知识贫乏信息闭塞，因而容易被蛊惑，而传销过程只是将他们筛选了出来。

甚至传销参与者未必真的相信他们所接受并转而向他人兜售的那套说辞，尽管他们常表现得如痴如醉，但这很可能只是常见的自欺伎俩：为了更有效地哄骗别人，最好先把自己哄信了。但这种“相信”是浅层的，内心深处他们也可能明白这只是获取利益的手段，也就是说，这是他们经过权衡之后作出的自主选择，他们并未丧失自由意志。

经验表明，要对健康成年人进行长时间思想控制（而不只是一次性欺骗），不借助暴力强制手段，是很难做到的。思想控制的关键，首先是信息剥夺，让被控制者得不到其他来源的信息，也得不到其他人的意见，这样就没有机会进行比较和甄别，也难以进行质疑和反思。

人类对信息非常饥渴，一旦信息匮乏就会失去安全感，会想尽办法搜罗信息。身处荒凉地区的居民都非常好客，总是希望客人能讲述任何有关外部世界的事情，所以当来源受限时，他们会不顾一切地接受任何能得到的信息。

另一个关键是社会关系剥夺，人类对社会交往同样饥渴，社会隔绝会让他产生更严重的不安全感。此时洗脑者只需略施恩惠，即可诱发出被洗者的情感依附倾向，这也是斯德哥尔摩综合征的发生原理。更何况，与普通绑匪相比，洗脑者为实现精神控制会表现得更加和蔼亲切，张开双臂欢迎被洗者投怀送抱，让因社会剥夺而处于极度交往饥渴状态的人很难拒绝。

很明显，和诱发斯德哥尔摩综合征相仿，实施这种程度的控制，必须借助强制手段限制人身自由，而且要用洗脑活动占满他们的清醒时间。实际上，社会心理学家最初介绍洗脑现象时，举的例子正是发生在信息和社会交往皆受严密控制的某战俘营里，这些战俘所接受的信息和每日活动，都经过事先精心安排，他们无疑处于最高强度的人身强制之下。

既然如此，我们就没有必要为洗脑而专门引入一个新的伦理或法律概念，因为实施洗脑所需要的人身强制原本就受既有法律规范约束，也有相应的罪名，而洗脑在道德上的负面性质，也因其暴力强制属性而明确无疑，无须另外划界。

后记

总有些自以为是、自命为穷人守护者的知识分子，担心、轻视、贬低乃至否认普罗大众的自由意志能力，毫无根据地宣称他们不了解自己的利益所在，领会不了自己的真实处境，不知道该如何保护自己的权利，甚至不知道自己有哪些权利，也不懂得如何恰当教育孩子，让孩子接受愚昧落后的习俗或宗教……所以精英或国家要替他们管起来。

可事实一次次证明，在涉及自身重大利益的事情上，普罗大众的判断力并不比精英分子差多少。每当一堵新的柏林墙竖起时，老百姓大都明白该往哪边跑，跑错方向的，反倒多数是自视为聪明人和社会精英的知识分子。

兰德热潮与个人主义

2012-08-27，
No.4361

近几年，一股安·兰德（Ayn Rand）热潮在国内年轻人中悄然涌动，小说《源泉》广受热捧。仅在文艺小清新汇集的豆瓣网上，便显示有8183人想读，2187人读过，1912人评价过，总评分高达9.3/10[1]，若加上英文版，这些数字还要扩大12%；不少自由派学者也非常推崇此书，认为兰德和她所塑造的主人公很好地体现了个人主义精神。

不仅如此，许多推崇市场制度和资本主义的人还认为，兰德——正如她自己所认为的那样——是资本主义和自由市场的一个吹鼓手，是对抗国家主义和集体主义的一面旗帜。这一认识似乎也暗示了，兰德思想与精神的传播发扬，将有助于市场制度的建立和维护，有助于解除加诸个人自由之上的种种枷锁。

可是，假如我们仔细检查兰德思想和市场制度的起源与基础，便不难发现，两者其实是格格不入的。兰德所奉行的，确实是一种个人主义，但那是一种非合作性的、独行侠式的个人主义，对于合作、互惠、利他、协调、组织、社会规范等一切将众多个人聚合成一个

[1] 目前上述数字已分别升至：16469人想读，4125人读过，3636人评价过，28个月内几乎翻了一倍，可见兰德热潮至今尚未降温。

社会的那些元素，兰德都表现出了极大的反感与抵触，认为这些要么与个人意志背道而驰，理应抛弃，要么是加诸其上的束缚，理应打破。

然而，市场制度如同其他社会结构一样，不正是以这些元素为基础建立起来的吗？若将它们统统消灭，连社会结构都将不复存在，只剩下一个个孤立的个人，谈何制度？在没有任何制度和秩序的社会中，人与人、群体与群体之间将陷入无休止的冲突之中，自由何存？至于市场，更是一种需要特殊制度保障的分工与合作体系，若没有分工与合作，那既不需要市场，也不可能建立市场。

这种将个人自由与人之社会性和超越个体的文化结构完全对立起来的倾向，倒是并不少见，只不过兰德表现得特别极端。在社会学领域，方法论上的个人主义和结构主义也长期争执不下。撒切尔的一句名言生动概括了这一倾向：根本没有社会，只有一个个的人。但是，假如你对人类有过深入的了解，便会发现，这种对立是虚妄的，也是毫无必要的，它建立在对人性与社会的深刻误解之上。

生物学家发现，将基因视为利益主体，可以更好地理解生物行为。从这一角度看，生物个体只是基因们合作建造的、用来散布它们自己的工具，比如雄蜘蛛为了获得交配机会以便散布它所携带的基因，不惜冒被交配对方吃掉的危险。那么能不能说，根本没有个体，只有一个个基因呢？显然不能，因为基因利益的实现，全靠个体这个载具的功能有效发挥，为此，同一基因组中的基因们达成了密切的合作关系。

类似的，人类个体为了实现各自的目标，也结成了各种合作互惠关系，建造了各种组织、规范、习俗和制度，个体利益要借助这些关系和结构来实现，离开它们，连生存都堪忧，更不可能追求情感、艺术和学问等较高层次的目标。从家庭、部落、村镇、城市、国家，人类已经建立了越来越复杂的社会结构，而迄今最繁荣、同时又最能让个体在其中自由追求自身目标的结构，便是法律保障下的市场社会。

与其他生物不同的是，人类拥有了自我意识和强大的理性能力，能对自己的行为和目标作出反思，因而可以不再盲目听从由基因（还有 meme）为我们设定的某项偏好与功能而行动。然而，意识到这一点后的兴奋，常常冲昏人们的头脑，以至错误地以为个人可以摆脱基因和文化“强加”在他身上的种种“包袱”和“枷锁”。

在好莱坞文艺片中，我们常听到“寻找真正的人性与自我”的俗套故事，据说这个“自我”总是被包裹在外来束缚之下，迷失在文化染缸之中：你喜欢牛仔裤，那只是流行时尚让你觉得喜欢，并不是你“本性上真的”喜欢；你拼命挣钱，那是被流行成功标准和攀比文化裹挟了；你热衷购物，是受了消费主义文化的熏陶；你以为如此行事很有尊严很体面，那是社会伦理强加给你的；甚至，你以为自己是个男人，是个异性恋，也只是因为从小就被当作男孩对待，是教育赋予了你一个性别身份。

所有这些说法都有些道理，个人的偏好、习惯和价值观，确实很多是由社会赋予的，传统、风尚和规范，经由教养过程被潜移默化地植入我们头脑，变成我们的习性和观念。问题是，我们能彻底摆脱它们吗？将这些“外来束缚”层层剥掉之后，剩下的是什么呢？

是真正的自我吗？可是，把文化元素全部去掉之后，不是只有生物本能了吗？难道真正的人性就是无文化的动物性？

就算生物本能才是真正人性，那不也是为基因利益服务的吗？自我又在哪里？只是基因的奴隶？那么，连生物本能也剥掉会如何？依我看，那就什么也没有了，不过，在二元论者看来，还剩下个笛卡尔幽灵，可是这么一个光秃秃的幽灵实在很单调乏味，恐怕完全满足不了那些文艺片所带给你的浪漫期待。

问题是，你为何非要剥掉它们呢？正是这些元素构成了你，是它们让你成为了现在这个你，当你试图驱逐其中一些时，其实是你的一部分在驱逐另一部分。当然，有时候你可能需要这样的驱逐，当构成你的元素组合让你痛苦、纠结、迷茫时，驱逐其中一些会变得更协调，你会感觉更好，而人类的理性和反思能力恰好给了你这样的机会。

不仅人性和偏好的很大部分是由文化所塑造，我们追求目标的行动也几乎总是在特定文化与社会结构中展开，因为合作与组织已将人类的能力提到了远远超出孤立个体潜能的水平，因而如今绝大多数值得追求的目标，值得过的生活，都已无法由孤立个人完成。随便做点什么有意义的事情，就要从市场买入材料，进入或开办企业，与同事和上下游合作，或者组织发起一场活动。

比如《源泉》主角的建筑师工作，就涉及无数合作：要倾听客户的需求，要考虑结构工程师的建议，请预算师帮你做成本测算，等等。像洛克这样完全无视他人看法和感受，缺乏合作与妥协精神的人，在市场社会无疑会四处碰壁，最终往往做不成任何事情。

更糟糕的是，他还漠视基本的社会规范，仅仅因为自己的设计意图没实现，就炸毁了别人的私有财产，甚至还强奸了弗兰肯，并且对这些恶行都拒不认罪，也毫无悔意。再看看他与身边人的关系吧：要么是猥琐自卑的小丑，要么是丧失自我的盲目崇拜者，要么是势不两立的敌人，没有一个是平等相处、合作互惠的关系。

市场的运行需要一整套规则来维持，遵守游戏规则也是市场参与者最重要的美德，标榜为资本主义旗手的兰德竟然颂扬如此漠视和践踏基本规范的行为，而且居然广受同样自称自由主义者的读者热捧，真是咄咄怪事。要知道，洛克是被作为一个完美理想人物、一个神话般的英雄来塑造的，所以这些恶习是无法用“凡人都有缺陷”来解释的。

兰德对自由的理解，是各种误解中最粗俗浅薄的一种，她心目中的自由就是任性放纵、恣意妄为、目空一切、旁若无人。实际上，自由制度的敌人们，最喜欢将自由曲解和污蔑为这个样子，对此，曾在专制国家生活过的人再熟悉不过了，它的唯一效果就是让善良的人们对自由产生错误的恐惧。

与此相应的，兰德独行侠式的个人主义也无益于人们争取和维护自由。诚然，由于现代市场提供了高度发达的专业化和分工机制，因而顺带为不擅处理社会关系的独行侠们创造了更好的生存空间，因为在发达市场中，你只要有一项专长、一门手艺，很少与人打交道也不难活下来，甚至轻度的自闭症患者也能活得很好。但这只是市场的副产品，市场制度的根基绝非建立在独行侠精神之上，正如一家成功企业可以为自闭症患者提供职位，但一群自闭症患者绝不可能组成一家成功企业。

幸好，我们还有另一种个人主义可供选择。它承认人之社会性，也坦然承认并接受文化对人性的塑造，它仅仅主张：个人可以自由地追求自己所认定的目标，尽管这些目标可能是文化所赋予的，只要这个赋予过程是自愿的，尽管对目标的追求需要在组织和社会结构中进行，只要其间不涉及强制，不要求个人为集体而牺牲，那么个人便是自由的，正如哈耶克所阐述的古典自由主义原则：自由是且只是免于强制。[1]

后记

人们常意识不到自己身上已经被包裹了那么多难以摆脱的文化元素，盖因这些元素之习得，大多是在幼年期无意识地发生的，只有当我们见识了多姿多彩的异种文化，或遭遇有着与自己截然不同文化的人，才像首次面对镜子，得以看清自己；甚至在这种时候，许多人也只是看到别人“被文化所束缚”，而看不到或不承认自

[1] 本文提到的“自由”是指政治和制度意义上自由，按我的理解，就是免于强制。这与本书其他部分对该词的用法不同，后者是指运用自由意志的机会，即选择空间的大小。

己同样穿着厚重的文化套装。

每个时代都会有一些文化叛逆者，努力打破各种文化“枷锁”，光着身子招摇过市，鄙弃过时的婚姻关系，蔑视陈规陋习，挑战权威。作为一种文化自我反思，或者实验性探索，这没什么不好，但他们若以为自己果真可以摆脱全部“枷锁”，那就错了。

他们能够在某些场合脱光衣服而不至丧失其文化身份，只是因为他们已有幸拥有一整套足够可靠的无形衣冠——入时的都市口音，不俗的谈吐举止，时髦的现代词汇，暴露着背后的良好教养；光洁干净的皮肤，反映着健康生活条件和良好卫生习惯；自信的身体姿态，表现着他们成长于其中的那个鼓励独立、崇尚自由的文化；轻松泰然的神情，则揭示了他们生活在一个无须时刻保持警惕的安全社会。

附录 何为理性动物

“人是理性动物”——这句话直觉上很容易接受。我们在做决定时会考虑各种理由，会从各种来源收集信息，倾听他人建议，上网搜索一番，权衡利弊；我们也会分析和算计，有时还拿出纸笔计算一番，在重大事情上，甚至会组织调查研究，建立数学模型，运用高端统计工具；即便在不面临抉择的时候，我们也会不停地观察、思考和探索，以便更好地理解这个世界。

可一旦细究起来，却又发现很难说得清楚什么才算理性。饥饿感驱使我们寻找食物，假如我只是不假思索走向冰箱拿出块巧克力，说不上有多理性，可要是空空如也的冰箱促使我放下游戏抓紧写简历找工作，好像就算得上理性了。同样是听从本能的指引，为满足生存所需而做点什么，似乎那些包含了更多预见、计划和迂回手段的行为，更可能被认为是理性的。

有时理性又被视为对抗或克制本能的能力。我出于健康考虑而抵御了奶油曲奇的诱惑，在男女交往中克制色欲而维持了礼节和体面，在商业交往中抵御贪欲而保持诚实守信，都会被视为理性。当然，放弃短期满足可能换来长期回报，因而许多克制都是有其理由的，而且这些理由往往可以经由一连串适应性解释而被追溯到遗传收益这个古老的终极理由。

但也可以没有这样的理由，因为人可以为自己创造新的理由，或把原先的策略理由变成终极理由。换句话说，我们可以只是因为喜欢而做某事，追求某种目标，并为此而克制本能。学者可以忍受清贫而只为探索奥秘，商人可以在明知毫无利益时仍保持诚信，在围棋这样其目标、规则、胜负、价值完全人为构造的游戏世界中，我们一样可以玩得很开心。所有这些表现，并不会被视为非理性，甚至还常被赞颂为理性的最高境界。

可是这样一来，就更难说清什么才是理性了。火苗让我的手自动缩回来，不算什么理性；我小心避开火苗，算是有点理性；我强忍烧灼而拒绝缩手，你会说我是疯子，可我要是有个好理由（或许那可以让我牢记某次沉痛经历），你是否会说我太理性了？那么，假如这只是一次行为艺术呢？死不免冠的子路，火刑柱上的圣徒，饿死不受嗟来之食的名士，是太疯狂还是太理性呢？那么怀抱鸿鹄之志而甘受胯下之辱的韩信呢？

或许真正重要的是控制感：当我抵御美食诱惑时，感觉自己成功掌控了局面，克制了本能冲动，让我确信自己保有自由意志；相反，假如我不由自主地伸手拿了奶油曲奇，事后又对自己的贪吃感到懊恼，便会感觉自己丧失了控制，被本能所摆布。可是何以如此？既然构成“我”的各子系统相互竞争的结果只能是其中之一胜出，为何其中有些更有资格代表“我”，其胜出被视为理性，而另一些的胜出却被视为失控？

答案或许在于意识这个子系统的特殊地位。意识是一个语义化的行为调制系统，随着人类语言能力的发展，该系统在决定个体行为的诸因素中逐渐获得了一种类似于中央政府在一个国家中所处的地位，取得日益广泛且有效的控制权。而所谓理性，即是指这一中央控制权的执行效能与强度，以及它所表现出的一致性和连贯性（否则其控制就变成了疯狂）。

尽管意识机能的实现细节尚不清楚，不过，为了说明它如何可能在已知神经基础上无须借助任何神秘力量而发展出来，我们不妨从既有知识出发，设想一下它可能会是什么样子。[1]

情形或许是这样：组成我们的模块中，有些是基于语义表征的（用软件术语说，是由符号化的高级语言编写的，而不是通过硬连线之类的硬编码实现的。下文称这些为语义模块），因而其对行为调控的参与，也是通过语言系统而实现的，而能够做到这一点，是因为我们已经有了对语言指令作出响应的能力。

比如当我们的听觉语言中枢（即从听觉系统接收语音并解读为语句的模块）收到同伴发出的祈使句——“住手！”——时，正在伸出的手就会缩回来（或许是因为这个句子会唤起某种痛苦记忆）。这样的事情会发生，表明必定存在某个机制，将上述语句转变成了动作指令，姑且将该机制称为受话系统。

当各语义模块竞争行为控制权时，或许发生了类似的事情，受话系统仿佛收到来自某个模块的一个祈使句，并产生了相应的行为控制效果。当然，这句子未必真的说出口再从耳朵传入，或许只是通过某条旁路捷径被传入了受话系统。（意识活动有时确实表现为喃喃自语，在搭积木玩家家的儿童身上，常可观察到此类现象。）

当受话系统收到一个语句时，除了可能产生行为效果之外，同

[1] 本文余下部分是我基于丹尼尔·丹内特的意识理论而做的猜测，没有实证研究支持，不过这是迄今最能让我自己满意的设想。

时也会将此语句广播给所有需要接收话语信息的模块，于是，那些得以接入受话系统的语义模块，便获得了这样一种地位：它既可能通过发出一个祈使句而直接影响行为，也可能通过发出一个陈述句而影响其他语义模块从而间接影响行为。

比如模块 A 在监听到某个视觉信号后发出“前面有毒蛇”，模块 B 收到后，与自己所掌握的知识“毒蛇是危险的”做运算后，发出“前面有危险”，模块 C 收到并运算后，发出“快逃”；或许同时还有模块 D 在收到 A 的输出后，发出“前面有食物”，模块 E 收到它后发出“快去抓”；或许先前经验让 C 拥有更高权重而最终胜出，但也可能相反；发出的祈使句指令也可以是影响注意焦点的，比如模块 F 监听到“快逃”后，发出“慢！先看看身后情况”。

随着语言在人类生活中地位不断提高，这样的模块越来越多，其在行为调控中的作用也日益重要和广泛，而这些模块接入受话系统的那条捷径，成了一条大量指令经其传出的枢纽要道，就像一个麦克风被连到了某些重要公共场所（比如某些运动中枢或内分泌腺）的大喇叭上，哪个发声源抢到麦，就有机会对行为产生重大影响。

这些模块竞相轮番占用这个麦克风，就像国会大厅里吵吵嚷嚷的议员们，各自主张着一种下一步该如何行动的理由，同时也能相互“听到”各自发出的“声音”并受其影响，当一种声音盖过其他声音时，一个决定便产生了。和国会一样，这一集体议事机制确保各方理由得到陈述和倾听，并经由明确的竞争性程序（是一种神经达尔文机制[1]）而产生最终单一决定，同时却不需要任何中央控

[1] 有关神经达尔文机制，可参考威廉·卡尔文（William H. Calvin）：《大脑如何思维》(*How Brains Think*)。

制者。

【我这里用国会议员比喻各语义模块，这种拟人化叙述容易让人误解为笛卡尔剧场里那个小人（homunculus），其实两者毫无关系。笛卡尔小人代表着意识本身，而我的每位议员只代表意识机能的某个微小组件，比意识本身简单得多，所以不会陷入“为了解释小人又要引入更多小人如此反复以至无穷”这样的困境。正如丹内特所言：只要每次分解出的小人比被分解的那个更简单更笨，小人隐喻就不是问题。[1]

比如当空空如也的冰箱激励某甲去写简历找工作时，若将意识视为一个整体，我们会如此叙述此事：空冰箱激发了某甲寻找食物的冲动，在考虑了获取食物的各种可能性后，他认定还是用钱买最方便，可是怎么才能弄到钱呢，考虑了各种可能性后，他认定找份工作最可行，经过这番考虑之后，他坐下来开始写简历。

可是当我们用放大镜凑近了看，将意识分解开，就会如此叙述此事：某甲头脑里的模块A被饥饿感所激活，发出“快去找点吃的”，模块B说“楼下商店里有吃的”，模块C说“那得花钱买”，模块D说“嗯不然会挨打”，模块E说“那可打不过”，模块F说“可是钱包空了”，模块G说“该去找点钱了”，模块H说“帮人干活可以拿到钱”，模块K说“赶紧写简历”——这么做的模块小人，显然不需要像人一样聪明。】

这个持续监听外来信号，调节注意力，表征注意对象，轮番激

[1] 丹内特有关小人（homunculus）的评论，见《头脑风暴》（*Brainstorms*）第7章“作为哲学及作为心理学的人工智能”。

活各种干预理由，产生行为调控决策的国会，被称为"意识"。该国会的竞争性议事程序，被称为"斟酌（deliberation）"[1]。当然，因为还存在影响行动的其他途径，国会决议未必是行为的最终决定，比如膝跳反射和心脏搏动是部门自主的，肠胃蠕动或血压升降也不受国会指挥，甚至像打毛衣这样的精细工作，也可时而脱离国会监控而自行持续。然而对人类来说，国会在行为调控中的地位毕竟越来越重要了。

如此喧闹吵嚷的国会，是如何让个人表现得像一个连贯协调自主的行动主体的？实际上，这一点并不总是能得到保证。当意见对立的两派相持不下，我们可能表现得像布里丹之驴[2]；当两派议员各说各话各行其是，则表现为精神分裂；当某位议员阴谋篡夺麦克风而拒绝理睬其他议员的意见时，我们就变成了偏执狂或者疯子；当所有议员都无精打采昏昏欲睡（或许是因为国会休息室里的咖啡断货了）时，我们便陷入抑郁状态，丧失行动能力。

不过，这些情况毕竟是少数。国会通常运行良好，因为自然选择会自动排除激进分子和不合作主义者，确保每位新加入的议员（代表着一种新理由）都足够保守、谦逊而具有合作性。语义模块之间的合作表现为这样一个事实：我们的语言系统能够处理陈述句

[1] 上述解读源自丹内特的"多重草稿模型（multiple drafts model）"，参见《意识的解释》（*Consciousshess Explained*）。

[2] 布里丹之驴（Buridan′　s ass）是 14 世纪法国哲学家让·布里丹（Jean Buridan）提出的一个哲学论题：一头完全理性的驴，恰好处于两堆完全相同的干草正中间，将要饿死，因为它无法对究竟该走向哪堆干草作出理性决定。其实布里丹并非该论题的最早提出者，亚里士多德在《论天》（*On the Heavens*）中便提出过一条狗面对两块无差别肉时的困境。

之间合并、嵌套、递归、修饰、代入等语法关系，从而让模块之间可以通过复合而构成任意复杂（仅受限于大脑存储容量）的表征结构和控制逻辑。

于是又出现了一些专门处理这种语句复合关系的模块：它们不直接代表任何行动理由（就像国会里有些议员不代表任何利益集团），但他们会对其他议员发出的陈述句作出反应，尝试将它们与已掌握的知识复合而得出一些新的陈述句，这便产生了被称为推理、联想、论证或反驳之类的逻辑演算活动。

还有些议员则像理论家和预言家，它们总在尝试从众多事实中建立一般关系，即构造各种包含了若干变元的抽象陈述句，并寻找其他陈述句代入其中，那些反复被成功代入的句子就被保留下来，这一过程反复迭代进行（即抽象陈述句又作为子句被构造进其他陈述句），于是，通过多层复合，便形成一套理论模型，被用来表征和模拟任意复杂的系统。在斟酌过程中，它们监听其他议员的意见并输出陈述句作为预测。

【当然，这样的抽象和建模活动并非从空白开始，进化已经在我们头脑中建立了许多表征世界某一方面的模型，不过这些模型都是针对特定生存任务而建立的。但有些模块会从新情境中识别出与旧模型相似之处，从而将后者复制并移用于新任务，而且在经过多次复用之后，进而能从各复用版本中提取共同特征，从而产生抽象模型，这样的抽象过程可以反复迭代进行，并产生越来越一般化的模型。】

语言系统的上述特性和发展，使得意识成了一部通用语义引擎[1]，它原则上是图灵完备的，因而可以用来表征任何东西，模拟任何过程，实现任何控制逻辑；在斟酌过程中，有关现实世界各方面的记忆表征被参与议事的各模块分别唤起（所谓唤起，就是被某个模块作为子句引用于其演算之中，就像某位议员援引观察事实以支持其主张），并在各模块间广播，于是便在意识中形成了一幅比孤立散布的记忆片段更为完整的世界图景。

类似的，意识的语义表征也可指向其自身：有关个体过往经历的种种记忆——被感知到的外部事件，被提出过的行动主张，被援引过的理由和事实，经历过的斟酌与权衡——也会在意识中被反复唤起，就像国会档案中保存的调查报告、听证记录、发言稿和表决记录，可随时被任何议员查阅和援引，于是便在意识中形成了对个体经历的连贯记忆，它被称为“自我”。当这些记忆被唤起而进入新的议事过程时，便形成了所谓“自我意识”。

一旦意识本身成为表征对象（表征结果是自我），国会里那些理论家就又有新事情可做了，于是有关意识活动的抽象陈述和理论模型也被建立了起来，这个内部模型就像一个由政治学家所建立、用来演示和预测国会如何议事和决策的理论模型，被心理学家称为“心智理论（theory of mind）”。

心智模型的存在，使得意识能够对其自身的活动作出预测，于是在意识中便产生了诸如“我想要什么，我面临哪些选择，我有哪

[1] 有关意识的语义引擎性质，可参考约翰·豪格兰（John Haugeland）：“Semantic Engines: An Introduction to Mind Design”，收录于其《心智设计》(*Mind Design*) 第三章。

些理由倾向这个或那个选项，这些选项会给我带来什么，我要怎么做……”之类的心理活动——正是这些意识活动，构成了所谓“自由意志”的表现，只有那些拥有适当心理机能使之能够产生这些活动的个体，才被认为拥有自由意志，只有那些时常有机会产生这些活动的个体，才被认为是自由的。

【比如与自由人相比，一名囚犯更少有机会运用自由意志（即便他的这项机能是健全的）。比如“今天晚饭吃什么呢？”这种念头很少在他头脑里冒出来，即便冒出来也很少有机会影响行为，因为他的晚饭是被监狱规定好的。】

由于心智模型是抽象的，可以被用来表征和模拟其他同类个体，并据此而预测其行为，于是我们便获得了移情（empathy）能力，后者大幅提升了我们的合作性与社会性（说服、许诺、引诱、欺骗、圈套、讹诈等社会技能皆以之为前提），也革命性地升级了人类语言的表达能力，反过来又升级了意识这部语义引擎的效能。[1]

【心智模型有时也会被用于表征非同类个体，甚至无生命物体，结果就是万物有灵论。不过，此类表征和模拟的有效性当然会很差（因为表征对象实际上完全是另一种东西，或者压根不存在），会得到大量不合预期的反馈，所以，即便在万物有灵论流行的年代，人们对此也不会太过当真（“当真”的意思是它在行为决定过程中的权重较高）。】

上面种种由意识表征活动而产生的理论模型，也被称为朴素科

[1] 移情能力在语言进化中的关键作用，可参见迈克尔·托马塞洛（Michael Tomasello）：《人类沟通的起源》（*Origins of Human Communication*）。

学（folk science），包括表征物理世界的朴素物理学和表征意识本身的朴素心理学。它们让人类拥有了前所未有的学习和适应能力。缺乏神经系统的简单生物，其个体是没有学习能力的，学习只发生在种群层面上：错误的教训以个体死亡或绝后的方式而被种群之基因组所“吸取”。

神经系统赋予动物个体以学习能力，因而适应性在个体生命期中也可得到提高，但神经系统较简单的低级动物缺乏对象表征能力，无法在头脑（它们可能根本没有头脑）里为对象建立内部模型，其学习和适应只能以联结主义（connectionism）的方式进行，因而被丹内特称为斯金纳式造物。[1]

拥有系统化表征能力和内部模型的高级动物（被丹内特称为波普式造物）有了更好的个体适应方式：模型可以让它们对行为后果进行模拟预测，从而预先排除某些有害行为；而斯金纳造物则只能在伤害后果发生后以记取教训的方式避免错误，两者的差别相当于在一套理论范式指导下通过实验和试错学习的科学研究者和靠随机瞎蒙乱撞而获得经验的门外汉之间的差别。

然而，缺乏语言能力的波普造物，其表征手段缺乏抽象性和可组合性，其内部模型通常是由硬连线方式在个体早期发育时按基因编码指令装配完成，此后的学习只是参数配置和优化过程，或数据采集和加工过程，就像一台固化了专用程序的特定用途计算机，不能安装新程序去处理新问题，因而其行为模式也就非常单调刻板。

[1] 关于达尔文、斯金纳、波普、格列高利四种造物的说法，源自丹内特《达尔文的危险观念》（*Darwin's Dangerous Idea*）第 13 章第 1 节。

人类语言的抽象能力和可组合性，将意识升级成了一台通用图灵机，它不但可以识别新的对象类型，建立新模型，还可以在每次决策时，针对当前情境进行问题表征，构造出全新的推理链条来寻求解决方案，就像一台会自动为自己编写新程序去处理新问题的超级电脑，甚至可以在观念世界中建立没有现实对应物的虚构模型，并据此而引导行动，将模型投影到现实世界，创造出像克莱因瓶、GPS、欧元系统这样的全新事物。

所谓理性，便是意识——在一台基于语义引擎的通用图灵机上运行着如上所述的议事／决策程序——的运行效能和它对个人行动的掌控强度：与所面临抉择相关的记忆是否被充分唤起，各种相关理由是否被充分表达和倾听，表征这些意见和理由的复合语句是否经受了逻辑一致性检查，是否拥有表征世界的恰当模型，上述过程能否产生对选择后果的有效预测，以及，从长期看，能否识别新对象，建立新模型，发现新理由。

【现在回头再看火苗上那只手，当它自动缩回来时，国会只是收到了报告，并未发生辩论或施加干预，所以谈不上多少理性（当然，比起肠胃蠕动还是多了些理性，后者国会连报告都没收到）；但或许事后国会指示视觉系统采集了现场特征，产生了一份题为“一种新危险”的备忘录存入国会档案馆，那他就表现出了些许理性。

假如那只手没有缩回来，或许是因为痛觉系统坏了，那与理性无关；但也可能他有一个理由，比如想展示自己的坚忍，好让同席仇家看到他内心熊熊燃烧的怒火。这样算理性吗？不一定，代表这念头的议员可能在其他念头还没来得及冒出来时就抢到了麦克风，于是“烧伤会留下终身残疾，会妨碍握剑，会让我输掉明天的战斗”之类理由丧失了表达和被倾听的机会，那样的话他就会被视为鲁莽，或者，他头脑里压根没有代表这些理由的模块，或没有议员了解有关烧伤后果的知识，那他就是无知了。

但假如所有这些念头都冒出来过（所谓“冒出来”是指被某个模块发送到受话系统并被广播给其他各模块并得到这些模块的处理），而最终“忍痛示狠”的念头胜过其他念头夺得控制权，甚至他在火堆旁坐下之前早就经历了这番斟酌，甚至这一场景多年来已反复在他头脑里上演，他早已暗暗下定决心，那我们就不得不承认，他是理性的，甚至理性得有点可怕。】

当这些意识机能运行良好时，个体便真切地感受到自由意志的存在，并且被其他同样拥有自由意志的个体毫不迟疑地视为同类，因为这一其他动物身上难觅踪迹的特征实在太鲜明了，其独特性根本无法否认，尽管很少有人能用不带神秘色彩的话说清楚它到底是什么。

然而，尽管自由意志和理性非常鲜明，足以将人类与其他动物断然区分开来，但它并不是一种要么全有要么全无的特性，而是在进化过程和文化发展过程中逐渐获得的，上面所提及的各项元素依此产生并相互加强；这一发展过程至今仍在持续。实际上，就在过去几万年、几千年、几百年和几十年中，它又经历了几次重大升级。

个体头脑的容量和处理能力有限，其知识、理由和理论模型的储备也受限于个体寿命长度和经历的丰富性。假如意识这个头脑国会的档案馆所收藏的资料仅仅来自个人经历，议员们所主张的理由也仅是它们自己所熟知的那些，那这个国会的议事和决策水平就只能停留在文盲村委会的程度，理性能力也将因此而受限。

好在我们生活于群体之中，个人的知识和模型储备可以经由交流而为他人所用，也可经由教化而世代传承，轮子无须再一次次重新发明。随着社会规模扩大，分工加深，越来越多的知识以口耳相传或人工制品的方式存在于文化之中，为个体提供了延伸表征能力。

现在，外国议员时而带着令本村耆老耳目一新的新鲜理由参与国会辩论，国会档案馆则因接入文化这一云存储网盘而容量大增。这一发展在中石器时代突破临界点而引发第一波升级浪潮，被考古学家称为“认知革命”或“文化大跃进”。游戏嗜好、艺术品位和宗教情感等意识机能中的高级元素，在此期间纷纷涌现。

第二轮升级发生在文字出现之后。文字（和其他书面符号系统）极大扩展了文化传播和积累的时间与空间跨度，让文化雪球越滚越大；文字也帮助个体头脑突破其工作记忆局限，以实现更复杂的表征、计算和推理。对比心算和笔算，一则口述神话和一部长篇小说，一首民间歌曲和一部交响乐，便可看出其中差别。

文字也为此后的形式逻辑、人工语言、数学理论创造了前提，没有文字就不会有欧氏几何和牛顿力学；基于这些形式系统而发展起来的现代科学体系，再次加速了知识增长和积累；现代教育将这一急剧膨胀了的文化系统的一个子集，以及用于访问该系统的客户端应用，安装到个体头脑之中，使该客户端和整个文化成为意识机能的延伸部分，从而导致了第三轮升级。

我们生活的时代，见证着正在发生的新一轮升级，电视、通信工具、计算机、互联网、可穿戴设备、搜索引擎、社交网，正在延伸和增强着我们的感官，拓展着我们的信息来源，提升着我们的意识机能和理性能力，也丰富着我们所面对的世界，让我们见识更多新事物，认识到更多可能性，考虑更多新理由，面对更多新选项，从而更真切体会到自由的价值。